Ludwig Kaemmerer

Die Landschaft in der deutschen Kunst bis zum Tode Albrecht Dürers

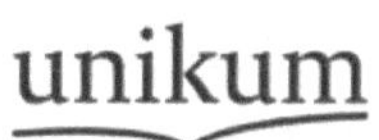

Ludwig Kaemmerer

Die Landschaft in der deutschen Kunst bis zum Tode Albrecht Dürers

---

ISBN/EAN: 9783845742922

Erscheinungsjahr: 2012

Erscheinungsort: Bremen, Deutschland

www.unikum-verlag.de | office@unikum-verlag.de

Ludwig Kaemmerer

Die Landschaft in der deutschen Kunst bis zum Tode Albrecht Dürers

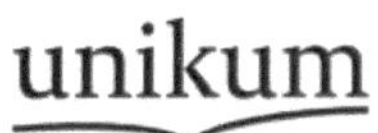

DIE LANDSCHAFT IN DER DEUTSCHEN KUNST BIS ZUM TODE ALBRECHT DÜRERS

VON

DR. LUDWIG KAEMMERER.

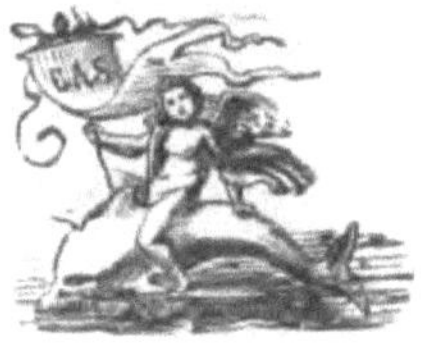

LEIPZIG 1886.
VERLAG VON E. A. SEEMANN.

Vorwort.

Die vorliegende Untersuchung, welche bei der philosophischen Fakultät der Universität Leipzig als Promotionsschrift vom Verfasser eingereicht wurde, will und kann, wie schon aus der zeitlichen Begrenzung des Stoffes hervorgeht, nur als Vorarbeit gelten, auf einem Gebiet, welches zwar vielfach zu kunstgeschichtlichen Aperçus angeregt hat, ohne doch eine systematische Behandlung zu erfahren.

Die geistvollen Andeutungen Schnaases über die Entwicklung der Landschaftsmalerei in seinen niederländischen Briefen (p. 25 — 54) und an verschiedenen Stellen seiner Geschichte der bildenden Künste werden voraussichtlich für lange Zeit die leitenden Gesichtspunkte hergeben müssen, unter denen die Detailforschung arbeitet. Auch was Waagen und Rumohr für Humboldts Kosmos[1]) zusammenstellten, darf hier ebensowenig vergessen werden, wie Burckhardt's meisterhaftes Kapitel über »die Entdeckung der landschaftlichen Schönheit« in seiner »Kultur der italienischen Renaissance«.

Aus der reichen Fülle anderer Schriften, welche im Zusammenhange eines gröſseren Gebietes kunstgeschichtlicher Forschung die Geschichte der Landschaftsmalerei berühren, sei hier nur Einiges hervorgehoben:

Max Rooses, Geschichte der Malerschule Antwerpens (deutsch von Reber) cap. VII: die ältesten Landschafter. Herman Riegel, Beiträge zur niederländischen Kunstgeschichte. Crowe und Cavalcaselle, Geschichte der altniederländischen Malerei. (Deutsche Originalausgabe von A. Springer.) M. Thausing, Albrecht Dürer.

---

[1]) Bd. II. Anregungsmittel zum Naturstudium. Die Landschaftsmalerei.

Für die Geschichte der italienischen Landschaftsmalerei bietet Peluso, la pittura di paesaggio in Italia, Como 1879, einige Gesichtspunkte, während sich allgemeiner, aber unkritisch mit den Anfängen der Landschaftsmalerei Edgar Baes, histoire de la peinture de paysage, XIV—XVI siècle, Gand 1878, und J. Gilbert, Landscapeart before the days of Claude and Salvator, London 1885, beschäftigen. »Die Anfänge der deutschen Landschaftsmalerei« schliesslich behandelt in kurzen Zügen ein Aufsatz von Adolf Rosenberg in Westermanns Monatsheften, Sept. 1879.

Die vorliegende Abhandlung erhebt keineswegs den Anspruch, die Ergebnisse dieser bisherigen Forschung abschliessend verarbeitet und zu einem Ganzen verschmolzen zu haben, vielmehr begnügt sie sich, namentlich durch schärfere Untersuchung der einzelnen Denkmäler in ihrem historischen Zusammenhange, eine Ergänzung zu jenen mehr allgemeinen Betrachtungen zu bieten. Sicherlich bedarf das Material für eine Geschichte der Landschaftsmalerei noch einer wiederholten Durcharbeitung unter anderen Gesichtspunkten[1]), ehe die Forschung auf diesem Gebiet abschliessen darf. Der Ehrgeiz des Verfassers ist befriedigt, wenn er durch seinen Versuch ähnlichen den Weg gebahnt hat.

---

[1]) Für die ästhetische Betrachtung der Landschaftsmalerei verdienen Beachtung: Goethe (u. Meyer), über die künstlerische Behandlung landschaftlicher Gegenstände, 1832. Carus, Briefe über Landschaftsmalerei 1831. H. W. Riehl, Das landschaftliche Auge (in den Kulturstudien aus drei Jahrhunderten 1859). P. G. Hamerton, Imagination in Landscape Painting (Portfolio 1886) und die einschlägigen Kapitel unserer ästhetischen Handbücher, namentlich der von Vischer, Köstlin und H. v. Salisch (Forstästhetik. Berlin 1885).

Unter technischen Gesichtspunkten betrachtet die Landschaftsmalerei u. a.: Burnet, Landscape Painting in Oil Colours explaned in letters on the theory and practice of the art and illustrated by examples from the several schools London 1849 (oft aufgelegt). Auch mag an dieser Stelle Schreibers malerische Perspektive (Stuttgart 1854) genannt sein.

Die klassische Kunst der Hellenen verhielt sich der landschaftlichen Natur gegenüber spröde. Die anthropomorphen Naturdarstellungen überwiegen sowohl der Zahl als auch dem Werte nach. Auch als durch die Skenographie die Technik, durch die Weltanschauung der hellenistischen Periode der Sinn für landschaftliche Darstellung entwickelt war, bleibt der anthropomorphen Bildung die erste Rolle.[1])

Katakomben.

Das Erbe, welches die altchristliche Kunst auf diesem Gebiete antrat, beschränkte sich im wesentlichen auf dekorative Wandmalereien und spätrömische Sarkophagdarstellungen. Unbefangen schloſs man sich der künstlerischen Auffassung der Antike an; fast unmerklich treten gegen Ende des ersten Jahrhunderts christliche Elemente zwischen die heidnischen, zunächst ohne jede Tendenz, nur dem Bedürfnis entsprungen, christliche Gestalten und Gedanken in die dekorative Ausstattung der christlichen Begräbnisstätten einzuweben. Hohe Ansprüche in künstlerischer Beziehung wurden in jener Zeit überhaupt nicht gestellt und konnten vollends von jenen unvermögenden Christengemeinden nicht gestellt, noch auch durch die wenigen und unbedeutenden Künstler, welche denselben angehörten[2]), befriedigt werden. Je nach dem Werte der Vorbilder und der besseren oder geringeren Ausführung der Wandmalereien schwankt

---

1) cf. K. Woermann, die Landschaft in der Kunst der alten Völker. München 1876 und die dort angeführte Litteratur, zu der Schnaase, Geschichte d. b. K. 2. Aufl. II., 89 und J. Caesar, Zts. f. Altertumswiss. 1849 hinzuzufügen ist.

2) V. Schultze, die Katakomben (Leipzig 1882) p. 90. cf. auch Tertullian, ad nationes I, 4. u. de idolatribus cap. 5 u. 6. Dagegen Hippolytus, adv. haeres. V. 20.

denn auch das Auftreten des landschaftlichen Beiwerks in den Darstellungen der frühchristlichen Kunst. Wo z. B., wie in Neapel, gute landschaftliche Vorbilder und die Absicht vorhanden war, die Arcosolwände reicher auszustatten, begegnen wir völlig selbständigen Landschaftsdarstellungen in den Katakomben von S. Gennaro de' Poveri [1]). Spärlicher sind die landschaftlichen Beigaben in den römischen Katakombenmalereien, welche im ganzen flüchtiger und handwerksmäſsiger ausgeführt sind. Die frühesten dieser Malereien, im Coemeterium der H. Domitilla zeigen Reste von selbständigen Landschaftsdarstellungen im pompejanischen Stil [2]). Einer perspektivischen Vertiefung und einer dementsprechenden Gruppierung der landschaftlichen Elemente war die Anbringung der umfangreicheren Malereien an dem Stukküberzug der Decke ohnehin nicht günstig [3]).

Wie wir sehen, erklärt sich bereits aus äuſseren und rein technischen Ursachen das Zurücktreten der landschaftlichen Gründe, deren breitere Ausführung weder im künstlerischen Bedürfnis noch im technischen Vermögen jener Zeit lag. Keineswegs dürfen wir etwa der transzendentalen Richtung der christlichen Lehre und einer angeblich damit verbundenen Miſsachtung der Natur einen groſsen Einfluſs auf diese Erscheinung beimessen. Erst seit dem dritten Jahrhundert betont man die symbolische Beziehung des künstlerischen Schmuckes zu christlichen Gedanken in bestimmter Weise. Daſs indes die im Laufe des dritten Jahrhunderts sich ausbildende Bildersprache irgendwie anti-naturalistische Tendenzen zum Ausdruck gebracht hätte, ist durch nichts zu erweisen. Vielmehr werden die Zeichen und Bilder mit Vorliebe der Naturumgebung entlehnt: Palme, Ölzweig, Bäume, Lilien, Weinstock, Sterne, Fisch, Lamm, Taube, Hase, Hirsche, Adler, Schlange, Delphin, Pferde — kurz, — fast alle Elemente landschaftlicher Staffage. Dem Beschauer, dessen Auge nur den prägnanten Ausdruck eines christlichen Gedankens im Bilde suchte, wie dem Künstler genügte die Einzel-

---

1) V. Schultze, Die Katakomben von S. Gennaro de' Poveri. Jena 1877.
2) Woltmann, Geschichte der Malerei I, p. 147.
3) Schnaase, Gesch. d. b. K. 2. Aufl. III, 103.

gestalt. Er vermiſste nicht die landschaftliche Umgebung, welche für einzelne Scenen, wenn sie als historische Darstellungen hätten gelten sollen, ihm kaum entbehrlich erschienen wäre.

So sehen wir allmählich mit anderen künstlerischen Fähigkeiten auch die der Landschaftsmalerei durch den Mangel an Übung verloren gehen, ohne daſs man die einzelnen Faktoren, welche zu diesem Verfall beitrugen, in ihrer Bedeutung schärfer zu unterscheiden vermöchte. Oft erklärt im Einzelfall der besondere Zweck oder Inhalt der Darstellung das Auftreten bez. Fehlen des landschaftlichen Beiwerks, und ein konstantes Fortschreiten des Verfalls läſst sich in der Landschaftsmalerei eben so wenig wie in der Kunst dieser Periode überhaupt nachweisen.

Wir beschränken uns darauf, einige Darstellungen altchristlicher Malerei aufzuzählen, in denen sich landschaftliche Elemente mehr oder weniger oft finden. Der die Natur durch sein Saitenspiel bezähmende Orpheus, dessen antitypische Beziehung zu Christus neuerdings in Abrede gestellt worden ist, wird vorzüglich oft in breiterer Landschaft dargestellt[1]), ebenso der gute Hirt, der fast immer von zwei Bäumen umrahmt erscheint[2]). Auch bei anderen Gestalten symbolischen Charakters fehlt es an landschaftlicher Umgebung nicht; ich nenne nur Psyche, im Ährenfelde Blumen pflückend[3]). Natürlich übernahm die altchristliche Kunst mit der Formensprache der Antike auch eine groſse Anzahl jener anthropomorphen Naturdarstellungen, an denen namentlich die römische Kunst so reich ist: Coelus, Sol, Luna, Tellus und vor allen häufig den Typus des ruhenden Fluſsgottes mit der Urne, der als Jordanus fluvius noch bis in das späte Mittelalter hinein seine Rolle spielt. Christliche und heidnische Symbolik fanden sich überhaupt häufig auf dem Gebiet der Naturerscheinungen, und zwar sind es besonders Darstellungen aus dionysischen Kreisen, die hier in Betracht kommen; der Dionysosmythos aber »dramatisiert den im Jahreslauf sich voll-

1) Garrucci, Storia dell' arte christiana II, T. 25 u. 30.

2) Garrucci, a. a O. II, T. 16, 2. 18, 2. 21, 1. 33, 1 u. 3. 34, 2 u. 6. 35, 2. 37. d'Agincourt, hist. de l'art p. l. monum. V, T. 8, 4. 12, 11. Schultze, Katakomb. p. 113 zählt ca. 150 erhaltene Darstellungen des guten Hirten.

3) Garrucci, a. a. O. II, T. 20, 1. 2. 3.

ziehenden Prozeſs des Aufblühens und des Absterbens der Natur.« Ferner finden wir die antiken Gestalten des Meerthiasos, Nereiden, Tritonen, Seepferdchen und Delphine, welche bereits in der heidnischen Kunst einen dekorativ-spielenden Charakter angenommen hatten, und deren sepulkralsymbolische Beziehung auf christlichen Monumenten[1]) gesucht erscheint. Eher ist eine solche anzunehmen bei dem Granatapfel und der Mohnfrucht, welche bereits in der heidnischen Symbolik ihren Platz haben.

Mosaiken.

In der frühchristlichen Mosaikmalerei läſst sich eine Entwicklung in Bezug auf die Frage nach landschaftlicher Darstellung nicht deutlich verfolgen. Technik und zähes Festhalten an der Tradition stellen der freien Entfaltung künstlerischer Phantasie und damit auch der landschaftlichen Erweiterung der Darstellungen ziemliche Schwierigkeiten entgegen. Der durch die Technik schon begründete Zusammenhang mit der Architektur erzeugte bald eine Abhängigkeit der Mosaikdarstellungen von der letzteren, die im Laufe der Jahrhunderte zur tektonischen Starrheit führte. In diesem allmählich sich entwickelnden Prozeſs, der sich leider im einzelnen bei der heute noch herrschenden Unsicherheit der Datierung dieser Monumente nicht in ganzer Klarheit verfolgen lässt, ist vor allem ein Moment interessant, da er gewissermaſsen die Stellung der Landschaft in der ganzen altchristlichen Kunst treffend charakterisiert. Wir finden nämlich im fünften und sechsten Jahrhundert Genremotive mit landschaftlicher Umgebung und wohl nicht immer mit bestimmter symbolischer Beziehung[2]) in die Mosaikdarstellungen eingestreut. Bezeichnend ist die Stelle, welche ihnen der Künstler anweist. Am unteren Rande des die Apsis schmückenden Bildes bleibt ein schmaler Streifen solchen Darstellungen vorbehalten. Da sehen wir auf dem Jordanstrom, der aus den Urnen zweier an den Seiten des Streifens ruhender Fluſsgötter zusammenströmt und in der Mitte die vier Paradiesesströme in sich aufnimmt, Boote mit

---

1) Viktor Schultze, Archäolog. Studien über altchristliche Monumente. Wien 1880. p. 11—14 u. p. 116 ff.

2) vgl. die Deutungsversuche de Rossi's im Text zu der unten zitierten Apsismosaik in Sa. Maria Maggiore.

Fischern und Anglern, Wasservögel oft mit Genien sich tummeln, kurz, das liebenswürdigste Spiel einer ungebundenen Phantasie entfaltet sich in diesen episodischen Schilderungen, wie sie in ähnlich regelloser Flucht auch auf einem Sarkophagrelief des Lateran mit Jonasdarstellungen [1]) wiederkehren. Gern griff auch der Künstler des XIII. Jahrhunderts, in der Zeit des Wiederauflebens der römischen Mosaikmalerei, auf solche Vorbilder zurück, wie sie sich in der Apsis der lateranensischen Basilika und anderen des V. u. VI. Jahrhunderts erhalten haben [2]).

Aber nicht immer waren die landschaftlichen Elemente auf diesen schmalen Saum des Bildes beschränkt, vielmehr sehen wir Terrainandeutung, Bäume und Wolken in die Darstellung nach Bedürfnis eingefügt, und auch der sich allmählich geltend machende Einflufs von Byzanz ändert nichts Wesentliches daran. Man mag diesen Einflufs annehmen oder leugnen, für unsere Untersuchung bleibt er ohne Bedeutung, da wir eine entschiedene Stellungnahme zur Landschaft in der byzantinischen Kunst ebenso wenig wahrnehmen können, wie in der abendländischen.

Byzanz.

Von einer Ausrottung der landschaftlichen Elemente aus der künstlerischen Darstellung darf vollends bei der älteren byzantinischen Kunst nicht gesprochen werden. Das beweisen die griechischen Mosaiken und Miniaturen.

In der Mosaikmalerei der justinianischen Periode opfert man allerdings das landschaftliche Beiwerk dem Streben nach starrer Pracht und stofflichem Luxus, dunkelblaue, dann goldene Gründe spannen sich hinter der leblosen und technisch vollendeten Figurenkomposition auf. Als aber durch das Bilderverbot 726 die Heiligendarstellungen aus den Kirchen verbannt wurden, trat an ihre Stelle eine Ornamentik, welche ihre Motive fast ausschliefslich dem schon von der Antike benutzten Schatz der vegetabilischen und animalischen Natur entlehnte. Über die Ausdehnung dieses Schmuckes und das Vorhandensein landschaftlicher Elemente in der Malerei

1) Schultze, Katakomben p. 174, Fig. 41.

2) De Rossi im Text zu der farbigen Reproduktion der Apsismosaik von Sa. Maria Maggiore in den Musaici christiani.

dieser Zeit giebt Theophanes continatus lib. III, cap. 43 Aufschlufs: Theophilus liefs seinen Palast in folgender Art mit Malereien ausschmücken: *τοὺς τοίχους δὲ ζώοις πεποικιλμένους παντοδαπῶς .... τῶν δὲ τοίχων τὰ κάτω μὲν ἔχων ἐξ ὁμοίων καὶ ἐστρωμένα πλακῶν τάδ' ἄνω ἐκ χρυσοαυγῶν ψηφίδων ἀγάλματά τινα τρυγῶντα καρποὺς ..... τῶν τοίχων, ὡς τὸ πρότερον, τὸν μὲν ἀέρα ἐκ χρυσοειδῶν ψηφίδων ὅλως κατηγλαισμένον φέρον, δένδρα δέ τινα καὶ ποικίλματα ἐκ πρασίνων ἔχοντα τὸ λειπὸν ψηφίδων ἀναπληρούμενον.* Von einem mit Mosaikschmuck ausgestatteten Zimmer sagt Theophanes: *εἴποις ἂν αὐτὸ ἰδὼν λειμῶνα εἶναι διαφόροις ἄνθεσι βρύοντα.* Einen ungefähren Begriff solcher Dekoration geben uns die allerdings bedeutend älteren Mosaiken des Baptisteriums von Sa. Constanza in Rom[1]) oder die Miniaturen des pariser Evangeliars[2]) (Nationalbibliothek Nr. 63 Anfang des VIII. Jhdts.). Auch die Kirchen werden, wie im V. Jahrhundert[3]), so jetzt mit derartigem Schmuck überladen[4]).

Die Miniaturmalerei auf griechischem Boden hatte den Entwicklungsgang der altchristlichen Kunst mitgemacht, und mit der antiken Tradition hatte sich auch die landschaftliche Erweiterung der Scenen lebendig erhalten, wie z. B. die Miniaturen der wiener Genesis (Ende des V. Jhdts.) beweisen, welche auch in dieser Beziehung die der etwa in gleicher Zeit in Italien entstandenen Virgilhandschrift zu übertreffen scheinen[5]).

Die wiener Handschrift des Dioskorides aus dem Anfang des VI. Jahrhunderts enthält zahlreiche grofse Abbildungen von Pflanzen. »Genauigkeit und Schärfe des Naturstudiums vereinigen sich hier mit bescheidenem aber meisterhaftem und reizvollem Vortrage. Die Schlangen, Käfer, Vögel gegen Ende des Buches sind ebenfalls geschickt aber trockener behandelt[6]).« Der offene Blick für die

---

1) Garrucci, a. a. O. IV, 205.

2) Labarte, Histoire des arts industr. 2. Aufl. II, p. 162.

3) Nilus, der ehemalige Statthalter von Constantinopel († 450) bezeugt in seinen Briefen IV, cap. 61 (Ed. Possevinus Paris 1667) dieses Dekorationssystem im V. Jhdt.

4) Belegstellen bei Schnaase, a. a. O. III, 227.

5) Labarte, a. a. O. II, p. 163 u. Pl. XLII, und Springer, d. Genesisbilder in d. Kunst d. f. M. A. Leipzig 1884. Ber. d. sächs. Ges. d. W. p. 705.

6) Woltmann, a. a. O. I, 187.

Einzelbildungen der Natur war dem griechischen Künstler jener Zeit also noch nicht getrübt. Auch der eigentlich byzantinische Stil der Miniaturen, welcher sich seit Beginn des VI. Jahrhunderts ausbildet[1]), hat keine naturfeindliche Richtung, wie aus den Miniaturen des syrischen Evangeliars der Laurentiana in Florenz[2]) (ca. 586) ersichtlich ist, wo der Hintergrund der Bilder durch Bergmassen oder Baumschlag ausgefüllt wird. In der Josuarolle des Vaticans (VII. Jhdt.)[3]) wechseln antike Lokalpersonifikationen mit breiter naturalistischer Terrainandeutung.

Von der Wirkung des Bilderverbots ist in der Miniaturmalerei kaum ein schwacher Reflex zu bemerken, zumal auch die Zahl der aus dem VIII. Jahrhundert erhaltenen Bilderhandschriften keine grofse ist. Für die griechische Miniaturmalerei des IX. Jahrhunderts mag uns das prächtig ausgestattete pariser Exemplar der Predigten Gregors von Nazianz[4]) als Beispiel dienen. Der Künstler begnügt sich hier nicht mit der früheren Bodenandeutung, sondern versucht eine Vertiefung des Bildraumes und verlegt bei Vereinigung mehrerer Scenen in einem Bilde einige derselben in den Mittelgrund, wie z. B. in der von Labarte a. a. O. pl. XLVI publizierten Darstellung. (Ezech. 37, 1.) Die Felsen, welche nach dem Hintergrunde zu ansteigen, sind grün gefärbt und ziemlich scharf gezackt, während die Kuppe durch eine grade Fläche abgeschnitten scheint. Cypressen und dürre Baumstämme bilden die einzige Andeutung der Vegetation. Der Boden des Vordergrundes ist grün gefärbt, der Himmel mit Wolken bezogen, die in rötlichem Reflexlicht strahlen. So harmonisch in der Farbengebung, so mangelhaft in der Zeichnung ist das Ganze. Der Sinn für richtige Gröfsenverhältnisse ist nicht mehr vorhanden: die Gestalten der Propheten und des Erzengels überragen die der neubelebten Toten bedeutend, und die Architektur des Vordergrundes steht vollends in keinem Verhältnis zu den grofsen Gestalten. Hatte man sich doch seit altchristlicher Zeit daran gewöhnt, die zur Darstellung ge-

---

1) Labarte, a. a. O. II, 163.
2) Ebenda II, pl. XLIV.
3) d'Agincourt, a. a. O. V, pl. 28—30.
4) Labarte, a. a. O. II, pl. XLVI.

hörigen Bauten, welche in den pompejanischen Malereien noch zu ihrem vollen Recht kamen, als Beiwerk durch Abbreviaturen anzudeuten.

Bedeutend höher steht das griechische Psalterium der pariser Bibliothek (Gr. 139), dessen Miniaturen nach Labarte[1]) ebenfalls der griechischen Renaissanceperiode des IX. Jahrhunderts angehören sollen; es zeigt eine enge Anlehnung an die Antike nicht nur in der Formbehandlung, sondern auch in der grofsen Anzahl von Naturpersonifikationen; Meer, Berg, Flufs, Nacht und Morgenröte treten alle in antikem Gewande auf, jedoch innerhalb einer realistisch ausgeführten Landschaft. Dieselbe scheint sogar, wenn man der Holzschnittreproduktion in Woltmanns Gesch. d. Malerei I., Fig. 61 trauen darf, sowohl in der Behandlung der Einzelformen, als auch in der Perspektive[2]) weit über den landschaftlichen Darstellungen des Gregor von Nazianz, mit denen sie den rötlich strahlenden Himmel gemein hat, zu stehen. Die Darstellungen von Fol. 6 an ersetzen den landschaftlichen Hintergrund durch einen Goldgrund und rühren von einer anderen Hand her[3]). Auf Fol. 11 hebt Waagen (a. a. O. 223) noch eine schöne Landschaft mit blau getönter Ferne hervor.

Im X. Jahrhundert überwiegt auch in der Miniaturmalerei der materielle Prunk, und vegetabilische Elemente treten nur in den prächtigen Randornamenten auf, während die Figuren von tektonischem Rahmen umgeben werden. Ganz verloren ging indes die Landschaft auch in dem Verfall zu Beginn des XI. Jahrhunderts nicht, wie die Miniaturen des für Basilius II. gefertigten Psalters in der Marcusbibliothek zu Venedig beweisen. Hier sind die Vordergründe grün gefärbt, mit Blumen belebt, die Berge des Hintergrundes zeigen ziemlich schematische Formen und willkürliche Färbung; den Verfall bekundet freilich der völlige Mangel an Raumsinn, aber, dafs man in dieser Zeit überhaupt noch an landschaftlicher

1) a. a. O. II, 175. Woltmann, a. a. O. I, 218 setzt es in den Anfang des X. Jhdts. Springer, d. Psalterill. d. fr. M. A. Ber. d. sächs. Ges. 1880 p. 216 hält die Miniaturen für Kopieen aus der Zeit vor dem Bilderstreit.

2) cf. Labarte, a. a. O. II, 176. Waagen, Künstler u. Kwe. in Paris p. 219 glaubt sogar Luftperspektive zu erkennen.

3) Labarte, a. a. O. II, 176.

Ausführung der Hindergründe festhielt, ist es, was für uns in Betracht kommt.

Im allgemeinen nimmt der Verfall der byzantinischen Miniaturtechnik im XI. und XII. Jahrhundert immer mehr zu, und mit ihm gewinnt der Goldgrund an Ausdehnung, der auch im XIII. Jahrhundert vorherrscht, ohne indessen die Landschaft völlig zu verdrängen[1]).

Dieser kurze Überblick über die byzantinische Malerei wird genügen zum Beweise, dafs ausgesprochen naturfeindliche Bestrebungen auch dieser Kunstrichtung fern lagen, und dafs daher ihr angeblicher Einflufs, der übrigens selbst noch eines allgemein anerkannten Beweises bedarf, für die abendländische Kunst keine bestimmende Bedeutung haben konnte[2]).

Germanentum.

Man hat für den Mangel landschaftlicher Darstellungen in der Kunst des deutschen Mittelalters und für ihr Auftreten am Schlufs desselben Christentum und Germanentum in ziemlich unbegründeter Weise verantwortlich gemacht. Wir haben zu zeigen versucht, dafs der altchristlichen Lehre selbst in der starrsten Form des byzantinischen Dogmatismus ein in dieser Richtung irgendwie entscheidender Einflufs nicht zugesprochen werden darf, und wollen jetzt die Vorbedingungen, welche etwa in dem germanischen Nationalcharakter liegen könnten, einer kurzen Prüfung unterwerfen.

Die Phantasie der Germanen wurde durch die sinnliche Erscheinung der Naturgewalten mächtig angeregt, wie ihre Mythologie deutlich erkennen läfst. Tacitus, welcher unter den Eindrücken anthropomorpher Naturverehrung aufgewachsen war, hebt an jener

---

1) cf. d'Agincourt, a. a. O. V. pl. 50, 2 u. 3 u. p. 152.

2) Litterarische Belege für die fast modern-sentimentale Naturliebe der älteren griechischen Kirchenväter hat Humboldt im 2. Bande des Kosmos p. 30 ff. zusammengestellt. (Martinellis anregender Vortrag über die Erdkunde bei den Kirchenvätern kam dem Verf. leider erst während der Korrektur zu Gesicht. Deutsche Übersetzung von Neumann. Lpz. Teubner 1884.) Auch die Vorschriften der *ἑρμηνεία τῆς ζωγραφικῆς* vom Berge Athos, welche indes der Unsicherheit ihrer Datierung wegen vorsichtig aufgenommen werden wollen, deuten auf nicht seltenes Vorkommen landschaftlicher Elemente in den byzantinischen Kirchenmalereien. Wir notieren nach Schäfers deutscher Ausgabe Trier 1855 folgende Paragraphen: 75—79, 84, 87, 95, 97, 99, 100, 105, 111, 114, 118, 124, 126, 128, 131, 134, 136, 171, 182—84 etc. etc.

bekannten Stelle ausdrücklich hervor: ceterum nec cohibere parietibus deos neque in ullam humanioris speciem assimulare ex magnitudine caelestium arbitrantur. lucos ac nemora consecrant deorumque nominibus appellant secretum illud, quod sola reverentia vident. (Germania cap. 9. u. die in der Anm. der Ed. Orelli angezogenen Parallelen.) Die Erscheinungen des Himmels, Sonne, Mond, Gestirne, Finsternis, Regenbogen, Sonnenuntergang, Tagesanbruch, sowie Pflanzen, Bäume, Wälder, Tiere greifen vielseitig in den germanischen Glauben ein[1]) und haben ihre Bedeutung in Brauch und Sitte bis tief in die christliche Zeit hinein gewahrt. Davon zeugt nicht nur eine Bestimmung Karls des Grofsen gegen die Naturverehrung[2]), sondern auch künstlerische Niederschläge in den Denkmalen germanisch-christlicher Poesie in karolingischer Zeit, wie im Heliand und Muspilli.

In den ältesten Regungen des bildenden Kunsttriebes auf germanischem Boden indessen offenbart sich eine merkwürdig abstrakte, von der Natur abgekehrte Richtung der Phantasie. Jene rein linearen Verschlingungen, die in der ältesten germanischen Ornamentik die Hauptrolle spielen und die nordische Formensprache sicher am reinsten bewahrt haben, zeigen völligen Mangel an Verständnis für die Natur und ihre Formen. Die ungezügelte Phantasie eines Volkes, welches jene nur von ihrer schreckhaften Seite kennt, äufsert sich nicht nur in jenem Schling- und Riemenwerk, auch Tierformen finden sich in dieser Ornamentik[3]), aber »es ist charakteristisch«, sagt Schnaase[4]), »dafs die germanische Phantasie sich nicht den milden und geregelten Erscheinungen der Pflanzenwelt, sondern dem Tierleben, und zwar wilden, schädlichen, drohend aufgefafsten Tieren zuwendet.«

Diese Keime waren indes einer selbständigen Entwicklung kaum fähig, und es bedurfte der Berührung mit einer festgeschlossenen Kultur, um sie zu künstlerischen Fähigkeiten um-

1) Grimm, deutsche Mythologie (4. Aufl.) I, 56. 57. 86. II, Vorrede XXXVII ff. u. cap. XXI. Ferner: Mannhardt, D. Baumkult der Germanen u. Schnaase, Gesch. d. b. K. IV, p. 51 ff.

2) Caroli M. Capitul. Sax. 21 Canc. III, p. 68.

3) Sophus Müller, die Tierornamentik im Norden. Hamburg 1881.

4) Gesch. d. b. K. II, 596.

zubilden. Die ersten germanischen Stämme, welche mit italischer Kultur in eine innigere Beziehung traten, die Ostgoten Theoderichs und die Langobarden, haben nur geringe Spuren eigenartiger Kunstbegabung in Italien hinterlassen. Was insbesondere ihre malerischen Leistungen anlangt, so sind wir auf so dürftige Nachrichten und Monumentalreste angewiesen, dafs von einer Verwertung derselben für unsere Untersuchung nicht die Rede sein kann. Auch die Anregungen, welche durch die gallischen Kolonieen[1]) Roms den deutschen Stämmen vermittelt wurden, sind kaum hoch anzuschlagen und wurden durch die Stürme der Völkerwanderung verwischt. Von einer fränkisch-christlichen Nation können wir erst seit der Taufe Chlodwigs (496) sprechen, von künstlerischen Leistungen unter den Merovingern überhaupt nicht, da die mit dem Christentum überkommene Kultur im Frankenreiche vor Karl dem Grofsen keinen festen Boden gewann. Mit Recht setzt daher die deutsche Kunstgeschichte bei der karolingischen Periode ein. Nur darf dabei nicht vergessen werden, dafs die Kultur im Reiche Karls des Grofsen der nationalen Grundlagen und Vorbedingungen fast ganz entbehrte, und auch unter den Nachfolgern Karls keiner nationalen Weiterpflege genofs. Da gleichwohl die karolingische Zeit uns als die erste deutsche Kulturperiode gilt, und wir in ihr die ersten Entwicklungsstufen deutscher Kunst aufsuchen müssen, sei es uns gestattet, hier die Untersuchung auf etwas breiterer Grundlage zu führen, um keinen für die spätere Entwicklung wichtigen Faktor zu übersehen.

Karolingische Kunst.

Der Charakter der karolingischen Kultur ist ein weltlich-höfischer. Die Bestrebungen, den Franken eine Bildung zu geben, gehen von der Persönlichkeit des Kaisers selbst aus, sicherlich angeregt durch die Überzeugung, welche derselbe von der geistigen Überlegenheit der Italiener auf seinen Romfahrten sich erworben hatte. Dieser Weg erklärt auch die enge Anlehnung an italische Vorbilder.

---

1) Wandmalereien in Gallien erwähnt bereits Paulinus von Nola († 431) und Gregor von Tours (540—484), einheimische Künstler sind indes nicht anzunehmen; noch im VII. Jhdt. holt Dagobert für seine Malereien Künstler aus Rom. cf. Schnaase, Gesch. d. b. K. III, 604 u. die dort angef. Belege.

»Die Wiederherstellung der antiken Kultur, deren Herrlichkeit seinen Geist erfüllte[1]«, war das eigentliche Programm der Bestrebungen Karls des Grofsen.

Für die Sicherung der unterworfenen Völkerschaften konnte er der Hilfe der christlichen Kirche nicht entraten. Um jedoch diese politischen Ziele ungehindert verfolgen zu können, suchte er den fränkischen Klerus möglichst unabhängig von Rom zu machen und an seine Person zu ketten. Die an seinem Hofe gepflegte Bildung dem ganzen Volke mitzuteilen, war natürlich auf einem teilweise noch ganz unkultivierten Boden nicht möglich, und die Vorstellung von der Höhe karolingischer Kultur wird bedeutend gemindert, wenn man diese in den abgelegenen Klöstern oder an den Grenzen des Reichs aufsucht. Gerade dort aber, wo der italienisierende Einflufs der höfischen Bildung weniger tief eindrang, dürfen wir die unbefangenste Bethätigung echt fränkischen Geistes suchen. Wir trennen daher auch die Hofkunst von der mehr privaten Klosterkunst. Betrachten wir zunächst das Verhältnis der Hofgeistlichkeit zur Natur und ihrer Darstellung in der Kunst. Wir besitzen für diese Untersuchung ein wertvolles Dokument in den sog. Libri Carolini, bei deren Benutzung jedoch niemals ihr polemischer Charakter vergessen werden darf. Das Buch hatte den Zweck, die Stellung der fränkischen Kirche zum Bilderstreit, insbesondere zu den Beschlüssen der zweiten Synode zu Nicaea darzulegen[2]. Man erkennt die vermittelnde Haltung zwischen Ikonoklasten und Ikonodulen: nec cum illis frangimus nec cum istis adoramus. Von griechischer Seite hatte man das mosaische Gebot (Exodus 20, 4)[3] gegen die Zulässigkeit der Bilder geltend gemacht, der Verfasser der libri Carolini aber wendet sich gegen dessen Verallgemeinerung praef. p. 6: »quodque Dominus de idolis praecepit, hoc illi de cunctis imagini-

---

1) Wattenbach, Deutschlands Geschichtsqu. im M. A. 1. Aufl. p. 90.

2) Die Schrift wurde 740 in Karls Auftrag wahrscheinlich von Alcuin verfafst, der im Namen des Kaisers selbst spricht und zugleich hervorhebt: quod opus aggressi sumus cum conniventia sacerdotum in regno a Deo nobis concesso Catholicis gregibus praelatorum. p. 11 der Praefatio, in der Ausgabe von Heumann, Hannover 1731, nach der im folgenden zitiert wird.

3) Non facies tibi sculptile, neque omnem similitudinem, quae est in caelo desuper et quae in terra deorsum, nec eorum quae sunt in aquis et terra.

bus perpetrarent, nescientes, imaginem esse genus, idolum vero speciem, et speciem ad genus, genus ad speciem referri non posse.« Weiterhin definiert er die »imagines« so: »ad ornamentum vel ad res gestas monstrandas (fiunt)« und hebt wiederholt hervor, daſs dieselben »ob venustatem basilicarum«, »ad memoriam rerum gestarum et venustatem parietum«[1]), aber nicht »ad adorandum« angebracht werden. Auch bezieht er sich auf das Vorbild des Moses und Salomo: »cum per Moysem et Salomonem, quamquam in typicis figuris, eas (scil. imagines) factas fuisse sciamus.« Auch Walafried Strabo († 849) führt für die Berechtigung des Bilderschmucks Salomo an, der »picturis et sculpturis non solum animalium sed etiam arborum et herbarum pene omne opus templi distinxerit[2])«. Hier wird also der Bäume und Pflanzen als eines auſsergewöhnlichen Bildschmuckes gedacht, wie aus dem »sed etiam« hervorzugehen scheint.

Hauptsächlich sind es die heidnischen Elemente in den Malereien, welche Anstoſs erregen, und bei Besprechung derselben gedenkt der Verfasser der libri Carolini auch der vielen antiken Naturpersonifikationen, welche in der damaligen Kunst beliebt waren. Die Stelle[3]) ist wichtig: »Nonne divinis Scripturis eos contraire haud dubium est, cum tellurem in figura humana modo aridam sterilemve modo fructibus affluentem depingunt? Nonne divinis Scripturis eos contraire manifestum est, cum flumineos amnes in figuris hominum aut situlis aquas fundere aut alios in alios confluere depingunt? Nonne, cum solem et lunam et caetera coeli ornamenta figuras hominum, et capita radiis succincta habere fingunt, sanctis Scripturis modis omnibus contraeunt? Nonne, cum duodecim ventis singulis singulas formas pro qualitate virium attribuunt aut mensibus singulis pro qualitate temporum quid unusquisque deferat, quibusdam nudas quibusdam etiam indutas diversis vestibus figuras dant[4])? Aut, cum quattuor tempora anni singula diversis figuris

[1]) Man vergl. den Beschluſs der Reichssynode zu Frankfurt 794, der die Bilder »propter memoriam rerum gestarum et ornamentum« gestattete.

[2]) de reb. Ecclesiast. cap. 8.

[3]) lib. III. cap. 23.

[4]) Sollte hier nicht auf die Monatsdarstellungen der Kalendarien angespielt sein? Gewöhnlich datiert man die ältesten Monatsbilder weit später. cf. Janitscheck, Gesch. d. deutschen Malerei p. 130.

depingunt, aut floribus vernans, ut ver, aut aestibus exustam vel etiam segetibus onustam ut aestatem, aut vindemiae labris vel botris oneratum ut autumnum, aut modo frigoribus algidam modo ignibus se calefacientem modo animantibus pabulam praebentem modo nimiis frigoribus marcidas volucres capientem, ut hyemem, Scripturis divinis in quibus haec ita minime continetur, contraire noscuntur?«

Dieser Angriff auf die Naturpersonifikationen beweist erstens, daſs dieselben in karolingischer Kunst oft die Stelle der realistischen Landschaft vertraten, sowie zweitens, daſs nur diese Art der Naturdarstellung, keineswegs aber die letztere schlechthin verpönt wird. »Schriftwidrig kann man diese Vorstellungen doch nur in dem Sinne nennen, daſs die Schrift die natürlichen Dinge in ihrer wirklichen Gestalt schildert und voraussetzt; schriftwidrig ist daher naturwidrig und der Tadel mithin gegen die Abweichung von der Natur oder das willkürliche Schaffen der Phantasie gerichtet« [1]).

Auch andere karolingische Schriften bezeugen uns, daſs naturfeindliche Tendenzen dem fränkischen Klerus durchaus fernlagen, so ist namentlich Hrabanus Maurus (ca. 785—856) von groſser Naturliebe beseelt und sucht dieselbe in seinem encyklopädischen Werk auch theologisch zu begründen. Gelegentlich der Besprechung der »portenta« (de universo VII, cap. 7) sagt er von diesen: »non sunt contra naturam, quia divina voluntate fiunt, cum voluntas Creatoris cuiusque conditae rei natura sit. Unde et ipsi gentiles Deum modo naturam modo Deum appellant« und am Schluſs des 7. Kapitels: »Deus est sanctus in omnibus operis suis.« In der Einleitung zum neunten Buch seiner Encyklopädie, die übrigens in vielen Punkten von älteren Quellen, namentlich den Etymologieen des Isidorus von Sevilla abhängig ist, versteigt sich der gelehrte Bischof von Mainz sogar zu dem Satz: »Nihil (enim) mundo pulchrius oculis carnis aspicimus«, und die Schilderung des Paradieses (lib. XII, cap. 3) verrät auch den Naturfreund; dieser »hortus deliciarum« est enim ligni et pomiferarum arborum consitus, habens etiam et lignum vitae: non ſrigus non aestas sed perpetua aeris temperies, ex cuius

[1]) Schnaase, Gesch. d. b. K. III. 622.

medio fons prorumpens, totum nemus irrigat, dividitur in quattuor nascentia flumina etc. etc.« Wie will man sich diese Vorstellung des christlichen Paradieses überhaupt erklären, wenn Freude an der Natur als unchristlich verpönt gewesen wäre?

An einzelnen Naturschönheiten haftet allerdings noch der Makel des Heidnischen; so bezeichnen die »luci« den Irrtum der Heiden, die in ihren Lichtungen ihren Gottesdienst verrichteten[1]), und über die »loca amoena« (XIII, cap. 12) weifs der christliche Verfasser nur Varro und Horaz zu zitieren: »Amoena loca Varro dicta ait ea, quod solum amorem praestant et ad se amanda alliciant. Verius Flaccus, quod sine munere sint, nec quicquam his officii agatur quasi annua, hoc est sine fructu, unde nullus fructus exsolvitur. Unde etiam nihil praestantes immunes vocantur.« An solchen etymologischen und allegorisierenden Spielereien ist das Werk des Hrabanus reich (man vergl. besonders Buch VII—XIX), und auch die zeitgenössische Kunst stand teilweise unter dem Banne dieser allegorisierenden Naturauffassung. So schildert uns Theodulf von Orleans († 821) ein Gemälde, in dem die sieben freien Künste unter dem Bilde eines verzweigten Baumes dargestellt waren:

Discus erat tereti formatus imagine mundi
Arboris unius quem decorabat opus.
Huius Grammatica ingens in radice sedebat.
Gignere eam semet seu retinere monens.

Vers 77. Arboris illius recto de stirpite rami
Undique consurgent e regione sibi
Dexter Rhetoricam habet et Dialectica tenet
Virtutes laevus quattuor atque gerit.
Rhetorica atque foro dextram portenso sedebat
Turritae arque urbis fabrica stabat ei.

Corporis arx alas revehit caput atque leonis
Fuerat artificis quae bene docta manus.

Arbor habebat ea et folia et pendentia poma
Sicque venustatem et mystica plura dabat
In foliis verba in pomis intellige sensûs[2]).

---

1) XIII, cap. 9.

2) Theodulphi Episc. Carm. lib. IV. carm. II Maxima bibl. Patr. XIV p. 45.

Zu solchen Allegoriedarstellungen[1] benutzte man die Formen der Natur, die man da, wo sie am Platze waren, wiederum durch allegorisierende Personifikationen ersetzte. Diese Umkehrung des natürlichen Verhältnisses hilft uns auch die naturwidrige Stilisierung der Naturformen in späterer Zeit verstehen.

Der lehrhafte Charakter der Kunst in der karolingischen Epoche ist indes nur eine besondere Erscheinungsform jener durch das ganze Mittelalter verbreiteten Auffassung, dafs die Malerei durchaus nur als Bilderschrift zu betrachten und zu benutzen sei, einer Auffassung, welche bereits in der griechischen Kirchenlitteratur des IV. Jahrhunderts auftritt[2]) und im VII. Jahrhundert in Gregor dem Grofsen ihren klassischen Vertreter findet. Der Umstand, dafs der letztere Kirchenvater fast stets als ältester Gewährsmann zitiert wird, darf uns daher nicht verleiten, zu glauben, dafs diese Auffassung erst im VII. Jahrhundert entstanden sei. Sie ist vielmehr die eigentlich christliche und eine theoretische Begründung der altchristlichen Bilderschrift. Charakter und Zweck der Malerei werden darnach in Gregors oft zitierten Worten ausgedrückt: »Quod legentibus scriptura, hoc idiotis praestat pictura cernentibus« (Ep. lib. IX, ep. 9) und Ep. lib. VII, ep. 3: »Idcirco pictura in ecclesiis adhibetur, ut hi, qui litteras nesciunt, saltem in parietibus videndo legant, quae legere in codicibus non valent.« Damit ist ein für allemal ausgesprochen, dafs der künstlerische Selbstzweck in der christlichen Kunstdarstellung des Mittelalters zurücktritt und Elemente, welche nur diesem Zwecke dienen, wie die landschaftliche Erweiterung und Ausschmückung der Scenen, keinen Platz in der Bilderschrift finden, da diese das Ziel der Deutlichkeit am besten durch konventionelle Typen und Abbreviatur alles Überflüssigen erreicht.

Indes, mochte man im allgemeinen und offiziell sich zu dieser

---

[1]) Ein erhaltenes Beispiel der Art findet sich in dem genter Exemplar des Liber floridus aus dem Anf. d. XIII. Jhdts., wo ein Baum der Wissenschaften sowie ein solcher der Tugenden und Laster abgebildet ist.

[2]) Basilii Sec. Opp. ed. Garn. II, p. 149. Auch der Verfasser der libri Carolini, der Gregor zitiert, setzt hinzu, dass die »instructio nescientium« von altersher (antiquitus) der eigentliche Zweck der Malerei gewesen sei.

Auffassung bekannt haben, der berechtigte Widerspruch regte sich doch hie und da, und besonders bei den Künstlern der karolingischen Periode. Die karolingische Kunst nahm überhaupt eine gewisse weltliche Selbständigkeit für ihr Schaffen in Anspruch, und, wenn für irgend eine Epoche der mittelalterlichen Kunstgeschichte der Satz von der sklavischen Abhängigkeit der Künstler vom Klerus falsch ist, so ist er es in dieser Periode. Die libri Carolini II, 27 sprechen geradezu von den »opificiis mundanarum artium«, und lib. III, 22 wendet der Verfasser sich gegen den Kanon der nicänischen Synode, welcher die Malerei eine fromme Kunst genannt habe: die Kunst des Malers sei nicht frommer oder unfrommer als jede andere »ars mundana«, denn sie stelle ebensowohl »actus hominum piorum« als auch »impietates multas, id est trucidationes hominum, atrocitates belli, crudelitates sceleratorum, immanitates ferarum, impetus bestiarum vel cetera his similia« dar. Auch abgesehen von ihrem Inhalt ist die Malerei keine spezifisch kirchliche Kunst, denn der Maler verfährt bei der Anlage und Ausführung seiner Werke nur nach rein künstlerischen Gesichtspunkten: »pictor vero patrandi operis loca congrua appetens, in horum formatione tantum venustatem et operis supplementum quaerat«[1]. Die Bilder sind Dinge »quae cuiuslibet artificis conduntur arbitrio« (lib. III, 26). Schliesslich versagt man dieser Selbständigkeit auch nicht die Anerkennung, indem man den Wert der Kunstwerke von ihrer künstlerischen Qualität, und nicht von ihrem geistlichen Inhalt abhängig macht: »hae (scil. imagines) pro artificis ingenio in pulchritudine et crescunt et quodammodo minuuntur« (lib. II, 27). Und dafs diese Auffassung nicht nur dem polemischen Zweck der karolingischen Schrift angepafst ist, geht daraus hervor, dafs auch Walafried Strabo, de reb. ecclesiasticis cap. 8, sagt, dafs die Kunstwerke von den Künstlern nur »propter artis decorem et convenientiam« ausgeführt werden (Max. bibl. Patr. XV, 185). Durandus von Mende bestätigt im XIII. Jahrhundert in seinem Rationale divinorum officiorum, das man als abschliefsende Kodifikation der kirchlichen Kunstanschauungen des Mittelalters betrachten kann,

[1]) lib. II, 27.

diese freiere Auffassung: »Sed et diversae historiae tam novi quam veteris Testamenti pro voluntate pietorum depinguntur, nam Pictoribus atque Poetis quaelibet audendi semper fuit aequa potestas« (Ed. Antwerpiae 1614 f. 14 verso).

Wir haben diese litterarischen Nachweise deshalb für notwendig erachtet, weil bisher der Charakter der mittelalterlichen Malerei gerade aus denjenigen litterarischen Zeugnissen, die gar zu einseitig für die transzendentale, naturfeindliche Auffassung des Klerus und die absolute Abhängigkeit der Künstler von diesem hervorgesucht wurden, rekonstruiert ist. Diese letztere Ansicht ist nicht nur durch litterarische Gegenzeugnisse bereits erschüttert worden[1]), sondern erleidet auch durch die unbefangene Prüfung der erhaltenen Denkmäler eine wesentliche Modifikation.

Monumentale Malereien aus der Zeit Karls des Grofsen haben sich auf deutschem Boden nicht erhalten. Die Nachrichten von solchen in den Gedichten des Ermoldus Nigellus (830) und anderen Schriftstellern lassen keinen Schlufs auf das Vorhandensein von landschaftlichem Beiwerk zu und sind neuerdings auf Werke aus der Zeit Ludwig des Frommen bezogen worden[2]). Bruun erzählt in der Biographie des Abtes Eigil von Fulda (818—822) II, 17. 135, dafs er seine Malereien in der Klosterkirche auf blauem Grunde gemalt habe. Es wird sich, wenn wir nach Analogieen schliefsen dürfen, auch in der karolingischen Wandmalerei nur um eine Bilderschrift gehandelt haben, deren Inhalt überdies noch durch Beischriften (tituli), wie sie seit Paulinus von Nola bereits üblich waren und von Alcuin noch verfafst wurden, verdeutlicht wurde[3]). Der Versuch Karls des Grofsen, eine profane Historienmalerei zu erwecken, dessen historische Wahrscheinlichkeit und Begründung die neueste Forschung überhaupt bestreitet[4]), steht isoliert da, und es lassen sich, da Monumente für ihn nicht zeugen, auch keinerlei

---

[1]) Springer, die Künstlermönche des M. A. Mitt. d. k. k. Centralkomm. 1862.

[2]) Janitschek, karoling. Studien in dem Strafsburger Festgrufs an A. Springer 1885.

[3]) cf. Belege bei Augusti, Beitr. z. christl. Kunstgesch. I, p. 145 ff.

[4]) Janitschek, a. a. O.

Folgerungen über die Ausstattung der Schlacht- und Historienbilder daran knüpfen.

Neben der oben bereits erörterten Auffassung von dem Zweck der bildlichen Darstellung kommen für die kirchliche Wandmalerei der karolingischen Zeit, wie für das ganze Mittelalter bis zur Gotik hinauf aber auch noch stilistische und technische Erwägungen in Betracht, welche uns den Mangel landschaftlicher Vertiefung im mittelalterlichen Wandgemälde erklären helfen. Wir wollen dieselben vorweg an dieser Stelle erledigen, um im Verfolg der Miniaturmalerei bis zur gotischen Periode unsre Aufmerksamkeit ohne gröfsere Unterbrechung zuwenden zu können.

Wand und Deckengewölbe »behielten durch das ganze romanische Mittelalter hindurch die alttraditionelle formale Bedeutung als Raumabschlufs und Decke« und wurden »als solche nach dem Bekleidungsprinzipe und den Grundsätzen des Altertums architektonisch charakterisiert«[1]); wie man in dem ornamentalen Schmuck »ganz materiell und naiv« eine Anleihe bei der Textilkunst macht, so geht man auch bei den gröfseren Figurenkompositionen der Wandfelder auf deren Vorbild zurück. Historisch darf man sich diesen Vorgang etwa so erklären: Ursprünglich bekleidete man die kahlen Kirchenwände wohl nur an Festtagen mit Teppichen[2]), und als die gesteigerte Freude an solchem Schmuck dazu aufforderte, denselben zu einem dauernden zu machen, fand man in der Wandmalerei, die in gallischen Kirchen wahrscheinlich auf römische Anregung zurückzuführen ist, einen willkommenen Ersatz für die beweglichen Tapeten. Der deutsche Künstler übertrug naiv die stilistischen Eigentümlichkeiten seiner Vorbilder in die neue Kunstweise; waren doch Textilkunst und Holzschnitzerei die von altersher von allen germanischen Stämmen vorzugsweise gepflegten Arten der Technik, deren Vorbilder für die Formen des Ornaments[3]) noch

---

[1]) Semper, Stil. I, 506 (2. Aufl.).

[2]) So erzählt Gregor von Tours bei der Taufe Chlodwigs in Rheims (496) Hist. Franc. II, 31: Velis depictis adumbrantur plateae ecclesiae cortinis albentibus adornantur. cf. auch Jubinal, Rech. sur l'usage et l'origine des tapiss. à personnages. p. 12.

[3]) So z. B. in den karolingischen Miniaturen cf. Rahn, Psalterium Aureum v.

lange tonangebend blieben. In der monumentalen Malerei weisen nun mannigfache Einzelheiten auf Textilvorbilder hin. So die Randverzierungen der Wandgemälde[1]) mit ihren unverkennbaren Webemustern, die Streifenhintergründe[2]), das Fehlen malerischer Modellierung, die starre Geschlossenheit der kräftig angegebenen Umrifslinien, welche an gestickte Teppiche (vela acu depicta) erinnern.

Der Teppichstil verbietet aber eine Vertiefung der Darstellung, weil er der Wandverkleidung den Flächencharakter wahren mufs und auch der technischen Vorbedingungen für eine Tiefenkomposition ermangelt. Aber er erklärt zugleich die Stilisierung vegetabilischer und animalischer Formen, die in der Wandmalerei des romanischen Mittelalters eine so grofse Rolle spielt. Namentlich müssen hier die arabischen Einflüsse hervorgehoben werden, welche durch Textilmuster früh in die abendländische Kunst hineingetragen wurden[3]). Von Interesse ist in dieser Beziehung eine Stelle aus den Gedichten des Bischofs Theodulf von Orleans († 820), welche uns das Vorhandensein arabischer Gewebe im Frankenreich bereits um die Wende des VIII. und IX. Jahrhunderts bezeugt. Auf einer Visitationsreise werden ihm Geschenke angeboten, und unter diesen beschreibt er besonders ausführlich auch einen arabischen Teppich:

»Alter ait, mihi sunt vario fucata colere (sic!)
Pallia, quae misit, ut puto torvus Arabs
Quo vitulis matrem sequitur quo bucula taurum
Concolor est vitulo bucula, bosque bovi.
Splendorem spectes, junctamque coloribus artem,
Utque rotis magnis juncta sit arte minor.«[4])

St. Gallen 1878. p. 17 u. Springer, Teppichmuster als Bildmotive. Ikonograph. Studien in den Mitt. d. k. k. Centr. Comm. 1860, p. 67. Woltmann, Gesch. d. Mal. I, 258.

[1]) z. B. in den Wandgemälden von St. Georg zu Oberzell auf Reichenau (X. Jhdt.) u. fast in allen romanischen Wandmalereien.

[2]) Ebda. und in den Deckengemälden zu Zillis (XII. Jhdt.) cf. unten p. 27. Anm. 1.

[3]) cf. Springer, a. a. O.

[4]) Theodulfi Episc. Carm. lib. I. v. 210 ff. Max. bibl. Patr. XIV, p. 30.

Zu dem Einflufs dieser Vorbilder kamen aber auch technische Hindernisse für landschaftliche Tiefendarstellung im Wandgemälde. Die Technik war ungemein roh und flüchtig[1]) und bot für ausführlichere Darstellung so gut wie gar keine Mittel. Die derb gezeichneten Konturen wurden ausgefüllt, und der neben den Figuren freibleibende Raum einfarbig oder gestreift angestrichen. Die Perspektive war bis in das XIII. Jahrhundert völlig unbekannt, und das Auge für die Verschiebungen der Gröfsenverhältnisse und Erscheinungsformen bei verschiedenem Abstand derselben, abgestumpft. Gleichwohl hätte sich wohl auch in der Wandmalerei ein dunkles Raumgefühl, wie in den gleichzeitigen Miniaturen, äufsern müssen, wären nicht die stilistischen Hindernisse dessen Bethätigung im Wege gewesen. So übereilt und einseitig es wäre, durch die Annahme textiler Vorbilder alle Geheimnisse und Widersprüche des Stiles der romanischen Wandmalerei lösen zu wollen, so wenig darf dieselbe doch neben anderen allgemeinen Erklärungsversuchen übersehen werden.

In der Miniaturmalerei lassen sich Einzelheiten durch dieselbe Voraussetzung erklären, indes fordert die Verschiedenheit der Mittel und Vorlagen, der ausübenden Künstler, Darstellungskreise und Zwecke von denen der monumentalen Malerei zu einer gesonderten Betrachtung auf. Die Miniaturen mit den Wandgemälden in eine enge Beziehung zu setzen und aus der Betrachtung der ersteren etwa Schlüsse auf den Charakter der letzteren zu ziehen, wie es früher wohl zuweilen geschah, scheint durchaus unzulässig, soweit es sich um stilistische Untersuchungen handelt. Abgesehen davon kann in der Miniaturmalerei von einer so stetigen Entwicklung, wie sie die Monumentalkunst, deren stilistische Prinzipien für lange Perioden wesentlich dieselben bleiben, zeigt, nicht gesprochen werden, und für ein klares Bild von der Entwicklung der Buchmalerei in Bezug auf unsere Frage ist eine schärfere chronologische und topographische Gruppierung der Denkmäler unerläfslich.

Beginnen wir mit der karolingischen Periode, so werden wir

---

[1]) Theophilus, Diversarum artium schedula ed. Ilg. Quellensch. IV, cap. XI, p. 32. cf. auch weiter unten p. 27.

füglich aus den bereits oben erwähnten Gründen die eigentliche Hofkunst von der mehr privaten Klosterkunst trennen. Die Denkmäler der ersteren Art bieten für unsern Zweck geringe Ausbeute, da sie in engem Anschlufs an römische Vorbilder auch der antiken Naturpersonifikation einen breiten Raum gewähren. Monumente, welche »die Fortpflanzung formaler Traditionen« aus der frühchristlichen Zeit hätten vermitteln können und den karolingischen Künstlern als Vorbilder am nächsten standen, wie etwa der Ashburnham-Pentateuch, zeigen eine merkwürdige Abkehrung von der Natur[1]). Dazu kommt, dafs die für den Hof geschriebenen Manuskripte meist nur Repräsentationsbilder enthielten, in denen wenig Raum für landschaftliches Beiwerk war. Aber die in den Klöstern und für deren Gebrauch von Mönchen gefertigten Miniaturen? Liegt es nicht nahe, in der reizvollen Naturumgebung und stillen Mufse der Betrachtung, in der die Klosterilluminatoren ihre Werke schufen, mächtige Anregung für den Natursinn und seine Bethätigung in malerischer Naturwiedergabe zu suchen? Dem ist zunächst entgegenzuhalten, dafs lebhaftes und inniges Naturgefühl sich durchaus nicht notwendigerweise in dem Streben nach ausführlicher Schilderung der Naturgegenstände äufsern mufs, vielmehr kann dasselbe sich in einzelnen poetischen Vergleichen, welche die Beziehung des Menschen zur Natur ausdrücken, viel unmittelbarer kundgeben, während malerische Darstellung der Landschaft geistige und vor allem technische Vorbedingungen voraussetzt, welche von der Naturliebe ganz unabhängig sind. Mit Recht sagt schon Theophilus: »Artis pictorum prior est factura colorum.« Sehen wir uns im Einzelfalle Zweck und Technik der Werke an, so bedarf es keines Zurückgehens auf die Naturauffassung der ganzen Zeit, um das Fehlen oder seltene Auftreten der Landschaften auch in diesen Miniaturen zu erklären.

Die fränkische Miniaturtechnik ging von der Kalligraphie aus und bevorzugte dem entsprechend die Federzeichnung. Erklärt uns

---

[1]) cf. Springer, d. Genesisbilder in d. K. d. frühen M. A. Abhdl. d. sächs. Ges. d. W. 1884. Über das eine rätselhafte Baumbild in dem Ashburnhammanuscript s. ebda. p. 719.

der kalligraphische Grundcharakter, der von der antinaturalistischen Initialornamentik der irländischen Kunst nicht unbeeinflufst blieb, die oft naturwidrige Umbildung der Einzelformen, so liegt in der Federzeichnentechnik ein gewisses Hindernis für die Ausführung landschaftlicher Tiefenkomposition. Freilich reicht auch diese Erklärung nicht für alle Monumente aus, da der Zusammenhang, in welchem dieselben stehen, ein überaus lockerer ist, indes können wir die wenigen Miniaturen, die dieser Erklärung widersprechen, füglich als Ausnahmen betrachten. So z. B. die Federzeichnungen des Utrechtpsalters, deren Urheber entschieden einen kräftigen Natursinn offenbart. »Niemals fehlt der landschaftliche Hintergrund. Er erscheint zwar flüchtig behandelt, zeigt stets dieselben Motive. Nur eine Bergform kommt vor, die Form des abgeplatteten Kegels, bald isoliert stehend, bald mehrere aneinander geschoben. Auch die Baumform wechselt nicht; immer stofsen wir auf denselben knorrigen Stamm mit zahlreichen Astlöchern und schütteren zu Büscheln geordneten Blättern. Nicht auf den Grad der Ausführung und die Mannigfaltigkeit des Details kommt es aber an. Entscheidend ist, dafs der Zeichner den Drang empfand, die Scene in die offene Landschaft zu verlegen, und dafs er wenigstens einzelne Motive der Natur ablauschte. Keine künstlerische Schilderung des frühen Mittelalters reicht in dieser Beziehung an die Bilder des Utrechtpsalters heran« [1]).

Suchen wir für diese Erscheinung einen Erklärungsgrund, so weist sie uns zunächst vom Hofe und der dort herrschenden Richtung fort auf eine unbehindert frei schaffende Privatkunst, welche die Gelegenheit epischer Schilderung benutzt, um derselben die landschaftliche Umgebung zu schaffen, welche die Phantasie unwillkürlich verlangt. Soweit Technik und Kenntnisse es ermöglichen, wird die Landschaft ausgeführt. Freilich wirkt auch hier die technische Tradition der Initialornamentik nach, indem das Laubwerk hie und da als Ornament, einzelne Naturformen als Typen behandelt werden. Im allgemeinen läfst sich dennoch die Naturanschauung nicht verkennen,

---

[1]) Springer, die Psalterillustr. im frühen M. A. Abhdl. d. sächs. Ges. d. Wiss. 1880.

so z. B. in der lockeren Art des Baumschlages, die sehr bald zu Gunsten einer streng stilisierten Abbreviatur aufgegeben wurde, welche die Konturen der Baumkronen in geschlossenen Linien angiebt [1]). Bemerkenswert ist auch die Andeutung der Wolken durch ähnlich lose Strichlagen ohne festen Umrifs. Die Perspective ist verwildert, die einzelnen Gründe werden zusammenhangslos über einander geordnet, aber noch nicht, wie in späterer Zeit in einzelne Terrainfetzen zerrissen.

Im Zusammenhang mit dieser Verwilderung steht auch der Mangel an Sinn für Gröfsenverhältnisse, namentlich zwischen Gestalten und Architektur. Selbst, wo die letztere ausführlich dargestellt wird, also den Charakter einer Abbreviatur verliert, steht sie in schreiendem Mifsverhältnis zu der Gröfse der in ihrem Rahmen sich bewegenden Menschen. Das Auge des mittelalterlichen Künstlers war dagegen stumpf, und man nahm solche Abweichungen augenscheinlich als künstlerisches Gesetz auf, welches durch die technischen Bedingungen der Malerei gegeben schien [2]).

Die eigentliche Blütezeit der karolingischen Miniaturmalerei unter Karl dem Kahlen († 877) zeigt bereits einen Fortschritt zur strengeren Stilisierung der vegetabilischen Elemente, den Labarte [3]) auf byzantinische Einflüsse zurückführen will, während Rahn [4]) richtiger bemerkt: »Durchaus tonangebend bleiben diejenigen Formen, die ihren letzten Grund in der von allen germanischen Stämmen mit Vorliebe geübten Holzschnitzerei und Textilkunst haben.« »Nachahmungen wirklicher Pflanzen, von Blumen und Früchten gehören zu den Ausnahmen.«

---

[1]) Ähnlichen nur derberen Baumschlag zeigt ein Evangel. franco-saxonicum aus der Mitte des IX. Jhdts. cf. Bastards Publ. d. Viviansbibel Lief. 5.

[2]) Feierte man doch die zeitgenössische Kunst als eine höchst naturalistische im Mittelalter, was darauf schliefsen läfst, dafs man in der That anders zu sehen gewöhnt war. cf. Belege bei Schnaase, a. a. O. III, 658, Anm. 1 und die treffenden Ausführungen im Text. Um das mangelnde Gefühl für Gröfsenverhältnisse durch das ganze M. A. verfolgen zu können, empfiehlt sich besonders eine Durchsicht der Darstellungen von Christi Einzug in Jerusalem, wo Zachäus im Baum und die aus dem Stadtthor kommenden Einwohner gute Beispiele bieten.

[3]) a. a. O. II, 200.

[4]) Das Psalt. aureum von St. Gallen. 1878, p. 17 u. 18.

Der bedeutende Künstler, welcher um die Mitte des IX. Jahrhunderts die Viviansbibel[1]) illustrierte, wufste noch zwischen historischer und ornamentaler Darstellung zu scheiden; während er in dieser die vegetabilischen Elemente geschmackvoll stilisiert, erkennt man in den landschaftlichen Details das Bestreben, ausführlich und möglichst naturgetreu darzustellen. Für Anordnung und Vertiefung der Gründe hat freilich dieser Künstler noch weniger Sinn als seine Vorgänger; ein geschlossenes Terrain kennt er nicht mehr, die einzelnen Figuren bewegen sich auf linearen Terrainandeutungen über einander, oder schweben ganz in der Luft. In der architektonischen Perspektive sind die allergröbsten Fehler vermieden, obwohl der Sinn für richtige Auffassung der Gröfsenverhältnisse auch hier mangelt[2]).

Auch die Bibel in San Callisto (X. Jhdt.) zeigt noch laxe Behandlung der Wolken-, Wellen- und Baumformen. Die streifenartige Anordnung ist hier strenge durch Linien, welche die einzelnen Gründe trennen, betont.

Die wachsende Stilisierung des Laubwerkes nehmen wir in dem Psalterium aureum von St. Gallen wahr, besonders in der Darstellung der Salbung Davids (T. XII.)[3]), wo aufser dem ganz ornamental gestalteten Rankenwerk auch die Terrainbehandlung Aufmerksamkeit verdient; drei Reihen von Bogenstrichen übereinander, welche durch Beerengesträuch oder Kraut belebt sind, deuten das Erdreich an, eine Stilisierung, welche wir in der romanischen Zeit streng durchgeführt wiederfinden. David, welcher den Nachstellungen Sauls entflieht und sich in das Gebirge zurückgezogen hat, ist rechts über dem auf einem aufwärts gebogenen Terrainstück ansprengenden Saul in einer stilisierten Höhle dargestellt, deren Ve-

[1]) f. Bastard, Ecritures et peintures d'une bible offerte au roi Charles le Chauve par le comte Vivien. Paris 1883.

[2]) Interessant ist die Abbildung eines Elephanten in dem Ornament dieser Bibel. Die recht barbarische Stilisierung läfst kaum auf ein lebendiges Modell schliefsen, obwohl wir wissen, dafs schon unter Karl d. Grofsen Elephanten in das fränkische Land kamen (Ann. Fuld. Pertz. Mon. Germ. Script. I, p. 353), der Künstler also einen solchen bereits gesehen haben könnte.

[3]) Wir zitieren nach Rahns oben angeführter Publikation. vgl. auch T. XVI, ebenda.

getation völlig nach Art der Initialranken gebildet ist. (T. IX.) Charakteristisch ist, dafs die einzelnen Gestalten oder Gruppen der Komposition auf verschiedenen willkürlich gestalteten Terrainstücken angebracht werden. (cf. T. X, XIV u. XV.) Naiver Weise stellt der Künstler auch die an dem Dach der Stiftshütte bauenden Werkleute (T. XIII.) auf solche Terrainfragmente, um sie nicht ganz in der Luft schweben zu lassen. Die willkürliche Färbung des Erdbodens, der Architekturen und Tiere zeigt deutlich, dafs die damalige Kunst ihre Aufgabe bereits auf ganz anderem Gebiet suchte, als auf dem natürlicher Wiedergabe des Gesehenen.

Romanischer Stil.

Wenn man die Entwicklung der mittelalterlichen Malerei in die Periode des rohen oder laxen Stils (bis zum Ende des X. Jhdts.) und die des strengen Schulstils (vom Ende des X. bis in das XIII. Jhdt.) gliedert, bedarf die Einteilung keiner besonderen Rechtfertigung, wohl aber der Einschränkung, dafs der Übergang des einen Stiles in den neuen sich allmählich und ohne plötzlichen Bruch mit der Tradition vollzieht; und, wie wir bereits in der karolingischen Kunst vereinzelte Spuren strengerer Stilisierung fanden, so reicht die freiere und rohere Art derselben noch in die ottonische Periode hinein.

Gewissermafsen in der Mitte stehen verschiedene Miniaturen, die Woltmann, Gesch. d. Malerei I, p. 245, zusammengestellt hat, und von denen uns besonders die Lucanhandschrift aus St. Gallen interessiert, weil ihre Miniaturen ein merkwürdiges Beispiel der in jener Übergangszeit herrschenden Stilverwirrung bieten. In der von Rahn publizierten Probe[1]) des Codex sehen wir, wie der Künstler vor die Aufgabe gestellt, eine Darstellung zu zeichnen, die des einheitlichen Lokals nicht entbehren kann, völlig ratlos die Bildfläche nach Art der antiken Topiographie[2]) in Land und Wasser teilt und in die so gewonnenen Stücke Landes Krieger und Architekturen hineinsetzt. Während die auf dem Lande stehenden Gestalten auf horizontaler

---

[1]) Gesch. d. bild. Künste in d. Schweiz und danach Woltmann, Gesch. der Mal. I, 245.

[2]) Woermann, die Landschaft in d. Kunst d. a. V. p. 219.

Linie sich bewegen, ist das Schiff in vertikaler Richtung gezeichnet, so dafs die darin aufrecht stehenden Figuren in horizontaler Lage vor dem Auge des Lesers erscheinen. Trotz dieser rohen Willkür der Anordnung sind die Einzelmotive voll Leben und naiver Frische, so dafs man sieht, der Künstler war vor allem bestrebt, durch lebhafte und deutliche Wiedergabe der im Text geschilderten Vorgänge »quaedam litteratura illitterato« zu liefern.

Der Rahmen dieser Untersuchung verbietet es, die Bilderhandschriften der ottonischen Periode im einzelnen auf die Formgebung in den vegetabilischen Elementen — denn nur von solchen, nicht von einer landschaftlichen Darstellung kann man in dieser Periode sprechen — durchzugehen, vielmehr müssen wir uns beschränken, den Gesamtcharakter und die Haupttypen dieser romanischen Stilisierung im allgemeinen zu betrachten, da es nur unsere Aufgabe ist, die Anfangs- und Knotenpunkte der Entwicklung zu fixieren und einer eingehenderen Betrachtung zu unterziehen.

Da zwischen Miniatur- und Wandmalerei in dieser Periode kein für unsere Untersuchung wesentlicher Unterschied herrscht, und die Typen, welche in der monumentalen Malerei unter dem Einflufs textiler und architektonischer Ornamentik ausgebildet waren, im ganzen auch von der Miniaturmalerei benutzt wurden, dürfen wir hier beide Kunstarten nebeneinander betrachten.

Der Wandmaler der romanischen Epoche zieht zunächst (wie schon oben erwähnt wurde) die Umrisse seiner Darstellung mit breitem Pinsel und dunkler Farbe vor und füllt dieselben sodann mit den verschiedenen Lokalfarben. Der Kontur des Bodens richtet sich nach der darzustellenden Gegend. Ebenes Terrain wird durch einen einfachen horizontalen, nicht weit über dem Bildrand liegenden Strich gezeichnet. Die so gewonnene Zweiteilung des Hintergrundes wird auch in den Farben durchgeführt, indem die Erdhälfte einen meist neutralen Farbenton erhält, die obere, den Himmel darstellende, blau gefärbt wird. Will man noch höhere Schichten der Luft, etwa die Region, in der sich die Engel bewegen, unterscheiden, so geschieht dies durch einen andersfarbigen horizontalen Streifen[1]). Den Terrainstreifen belebte man auch durch jene oben

[1]) Beispiele für diese einfachsten und ältesten romanischen Streifenhintergründe

bereits erwähnten Bogenlinien, welche wohl Unebenheiten des Bodens andeuten sollen, aber zuweilen auch zur Belebung des obersten (Wolken-?)Streifens benutzt werden[1]. Diese Stilisierung des Erdbodens, die wir in ihren Anfängen bis in die karolingische Kunst zurückverfolgen können, wurde im Lauf der romanischen Periode immer strenger schematisiert, so dafs sie schliefslich dem romanischen Schuppenornament[2] ähnelt[3] und auch als Typus für das den Boden bedeckende Gewächs und Gebüsch[4] gebraucht wird. Ist das Terrain ansteigend zu bilden, sind Berge, Felsen oder Anhöhen darzustellen, so rückt man diese völlig in den Vordergrund und füllt die Umrisse ohne Modellierung einfarbig aus[5]. Seltener

---

finden sich in dem jüngsten Gericht in St. Georg zu Oberzell (X. Jhdt. cf. Kraus' Public. der dortigen Wandgemälde 1884). Ferner in den Deckenbildern der Kirche von Zillis XII. Jhdt. (cf. Mitt. d. antiqu. Ges. in Zürich XVII) und in den Miniaturen bereits seit der karolingischen Epoche. So in dem bamberger Evangeliar Nr. 267, X. Jhdt. (cf. Waagen, K. u. Kwe. in Deutschland p. 97), dem pariser Evangeliar Otto II. (973—983) bibl. nat. lat. 8851 (cf. Waagen, K. in Kwe. in Paris p. 266), d. Gebetbuch aus Kloster Prüm (Ende d. X. Jhdt.) Paris bibl. Nat. lat. 9448 (cf. Labarte, a. a. O. II, p. 51) etc. etc. Der einfarbige Hintergrund tritt neben dem gestreiften schon frühe auf. Der Goldgrund findet sich in der deutschen Miniaturmalerei zuerst unter Otto III. (983—1002) in dem münchener Evangeliar Cimel. 58 und ist zweifellos auf byzantinische Muster zurückzuführen. Für den namentlich in der späteren französischen Miniaturmalerei so beliebten Schachbrettgrund, der sicher auch in der Textilkunst sein Urbild hat, dürfte eins der ältesten Beispiele ein pariser Evangelistarium aus der ersten Hälfte des XII. Jhdts. (Lavallière Nr. 55) sein. cf. Waagen, K. u. Kwe. in Paris 277.

1) s. Evangel. des berl. Kupferstichkab. H. III. (2. Hälfte d. XII. Jhdts. Abgeb. Janitschek, Gesch. d. deutschen Mal.) Auch zur Andeutung der Wolken wird diese Ornamentation benutzt in den Deckenbildern der Kirche zu Zillis, cf. p. 27 Anm. 1.

2) Schnaase, a. a. O. IV, p. 144, fig. 53.

3) So z. B. in den Emailmalereien des Heribertschreines zu Deutz (Mitte d. XII. Jhdts.) E. aus'm Weerth, Kstdenkm. a. d. Rheinlanden. T. 44. Ferner: liber floridus der genter Universitätsbibl. (ca. 1125) fol. 57 u. 62. Evangel. Heinrich IV. zu Krakau, Woltmann I, 262. Evangel. d. h. Bernward v. Hildesheim X. Jhdt. Jahrb. d. Ver. d. Altertumsfr. i. d. Rheinl., Hft. 45, p. 211. Laxer in einem Psalterium des berl. Kupferstichkab. Inv. 74. Physiologus d. XII. Jhdts. ebda. Hamilt-samml. etc. etc.

4) Cahier u. Martin, Melanges d'arch. II, F. 25. (XIII. Jhdt.)

5) Unterkirche zu Schwarzrheindorf (XII. Jhdt.) cf. E. aus'm Weerth, Wandmalereien des M. A. i. d. Rheinlanden. T. 23, 14. 27. 28. 34. Brauweiler ebda. T. 4. 14, 22.

wird der untere Teil der Anhöhe zerklüftet dargestellt[1]); ganz krystallisch gebildete, durch scharfe Linien gegliederte Felsmassen finden sich auch hie und da[2]), sind aber durchaus nicht Regel. Sie werden von der grünen Erdfläche durch andere Farben gesondert.

Die Konturen des Terrains werden oft durch mehrere grüne Umränderungen verstärkt[3]). Theophilus giebt für die Kolorierung der Landschaft folgendes wohl darauf bezügliches Rezept[4]): »Stipites arborum commiscentur ex viridi et ogra, addito modico nigro et succo. Quo colore pinguntur etiam terra et montes. Fiunt etiam terra et montes ex virido et albo sine succo, ita ut interius sit pallidum, et exterius trahat umbras mixtas cum modico nigro.«

Originell ist ein Zwickelbild im Kapitelsaal zu Brauweiler[5]), welches die Einsiedler »in montibus et in speluncis et in cavernis terrae« (nach d. Hebräerbrief XI, 38) darstellen soll. Das dreieckige Feld, das dem Künstler zur Verfügung stand, ist in drei unregelmäfsig begrenzte Teile getrennt, deren jeder durch einen darauf befindlichen stilisierten Baum als Terrain gekennzeichnet ist. Innerhalb eines jeden Teiles befindet sich ein rundlicher Ausschnitt, aus dem die Heiligen herausschauen. Vielleicht nirgends zeigt sich so klar die Tendenz des romanischen Malers, die Deutlichkeit der Darstellung nur durch eine knappe aber im Gröbsten verständliche Andeutung zu erzielen. Sie entspricht recht eigentlich der Definition, die bereits Hrabanus Maurus im 21. Buch seiner Encyklopädie[6]) von der Malerei gab: »Pictura est imago exprimens speciem rei alicuius, quae dum visa fuerit, *ad recordationem mentem reduxit.*«

Bei den Baumtypen lassen sich im allgemeinen zwei Klassen unterscheiden: 1) die aus der Rankenstilisierung hervorgegangenen, die auch oft in phantastisch verschlungene und verknotete Formen hinüberspielen und 2) die pilzförmigen d. h. diejenigen, welche eine

---

[1]) aus'm Weerth, a. a. O. T. 27.
[2]) ebda. T. 10, 15. 12, 23.
[3]) ebda. T. 14. T. 12, 24.
[4]) Schedula diversarum artium (XI. Jhdt.) ed. A. Ilg. Quellenschr. VII. cap. 16. p. 37.
[5]) aus'm Weerth, a. a. O. T. 12, 24.
[6]) de universo XXI, cap. 9.

geschlossene Krone auf einen Stamm ohne organische Verbindung aufsetzen.

Beide Formen gehen in ihren Anfängen in die karolingische Zeit zurück, werden aber in romanischer Zeit immer phantastischer ausgestaltet.

Der Wandmaler, der zuerst die glatten Umrisse seiner Darstellung schnell aufzeichnete, bevorzugte die einfachere Kugelform der Baumkrone als die bequemste, in die er dann stilisiertes Blattwerk rein ornamental hineinzeichnete. Der Stamm steigt entweder glatt auf, oder zeigt jene Aststumpfen, die schon in karolingischen Miniaturen uns begegneten. Nach unten verbreitert sich der Stamm, oft in unnatürlicher Weise, zeigt auch übertriebene Windungen und endigt auch wohl manchmal am Wurzelansatz in ornamentalen Verzierungen, wie z. B. in den Deckenbildern der Michaelskirche zu Hildesheim.

Die Miniaturmalerei nahm diese Typen auf und gestaltete sie in phantastischer Weise um, ohne doch wesentlich neue Formen zu schaffen. Wir geben im Folgenden eine Auswahl von Beispielen der merkwürdigsten Arten der Baumstilisierung vom X. bis zum XIII. Jahrhundert:

Die verschiedenen, aus romanischen Physiologushandschriften entnommenen Proben bei Cahier und Martin, Mel. d'archéol. II, T. XIX ff. Eine wahre Musterkarte abenteuerlicher Stilisierungen bieten die Wandbilder im Dom zu Gurk (Ende des XII. Jhdts.), cf. Mitteil. d. k. k. Centr. Comm. XVI. Evangel. d. h. Bernward v. Hildesheim (X. Jhdt.), cf. bonner Jahrb. H. 45. p. 211. Codex Egberti in Trier (X. Jhdt.) cf. Kraus, die Miniaturen des Cod. Egberti, T. 31. Physiologus des XII. Jhdts. im berl. Kupferstichcab. Hamiltonsammlg. cf. Rep. f. Kw. 1883 p. 261. No. 10. Codex Epternacens. in Gotha (X. Jhdt.) cf. bonner Jahrb. 1881. H. 70. Cahier u. Martin, a. a. O. II, p. 94. 156. 170 ff. Besonders breit soll das Landschaftliche in einem bamberger Missale (A. II. 52) aus der Zeit Heinrichs II. (1002—1024) in Blumen und Bäumen charakterisiert sein, cf. Janitschek, Gesch. d. deutschen Malerei. p. 80. Deutsches Psalterium XIII. Jhdt. Kupferstichcab. Berlin. Hamiltonsammlg. Inv. 74. Eneidthds. der kgl. Bibliothek zu Berlin. XIII. Jhdt. Palmen finden wir abgebildet in dem Genter Codex des liber floridus. XII. Jhdt. und den Deckenbildern der Kirche zu Zillis, XII. Jhdt. cf. oben. Pflanzenabbildungen, die naturwissenschaftlichen Darstellungen als Illustration dienen, siehe in dem liber floridus des Lambertus. XII. Jhdt. und der mater verborum des Konrad von Scheiern (München, Bibl. cod. 17403). XIII. Jhdt. cf. Janitschek, Geschichte d. deutschen Malerei p. 126.

In der Zeit des Aufschwunges der romanischen Malerei sehen wir in dem hortus deliciarum der Herrad von Landsperg (soweit man den Kopieen Engelhardts[1]) trauen kann) das Streben nach etwas freierer naturalistischer Behandlung der landschaftlichen Elemente, das jedoch vereinzelt bleibt, ähnlich wie die naturalistische Auffassung der Tier- und Pflanzenformen in dem Evangeliar in Seidenstetten in Niederösterreich aus dem Beginn des XIII. Jahrhunderts[2]).

Wir mufsten und durften uns in dieser Periode mit einer Übersicht begnügen, weil das Material vollständig durchzugehen, weder in unsern Kräften noch auch in unsrer Absicht liegen konnte, da die vegetabilischen Elemente in der Malerei dieser Epoche für eine Geschichte des Ornaments mehr Bedeutung haben als für die Geschichte der Landschaft.

Gotischer Stil.

Die Entwicklung der Malerei in der gotischen Epoche bleibt zunächst ohne wesentlichen Einflufs auf die konventionelle Behandlung der landschaftlichen Elemente. Gefiel sich doch die poetisch-ideale Auffassung dieser ganzen Zeit auf fast allen Gebieten in einer künstlichen Steigerung der Wirklichkeit. Wie uns Glaube, Wissenschaft[3]) und Sitte dafür die mannigfachsten Belege liefern, so auch die künstlerische Naturauffassung. Äufsere Einflüsse, wie die der Kreuzzüge, begünstigten diese Richtung der Phantasie ins Wunder-

---

1) Chr. M. Engelhardt, Herrad v. Landsberg. Stuttgart 1818.

2) Janitschek, Gesch. d. deutschen Mal. pag. 135. cf. daneben die ganz phantastischen Walddarstellungen in der Hds. der Carmina burana in München. Ed. Schmeller, Bibl. d. lit. Ver. in Stuttgart XVI. p. 196. 197. XIII. Jhdt.

3) Über die wissenschaftliche Naturbetrachtung des M. A. cf. Humboldt, Kosmos II, 266—340 u. Martinelli, d. Erdkunde bei den Kirchenvätern. Deutsch von Neumann. Lpz. 1884.

bare. Auch die Poesie, zumal die Lyrik des XIII. Jahrhunderts befaſst sich mit einer breiteren objektiven Schilderung der Natur so gut wie nirgends, und daſs jene enge Beziehung zur letzteren, wie wir sie vor allem in den Gedichten Walters von der Vogelweide, Liutholts von Seven, Heinrichs von Veldegke und den wenigen lyrischen Gesängen Wolframs von Eschenbach bewundern, weit mehr auf Verwandtschaft der Natur- und Seelenstimmungen, als auf scharfe Einzelbetrachtung sich gründet, hat bereits Wilhelm Grimm in Humboldts Kosmos II, p. 33 hervorgehoben [1]). Frühling und Winter sind die Jahreszeiten, deren Gegensatz die Phantasie des Minnesängers besonders anregen. Das Sprossen der Blumen, des Klees, das Belauben der Bäume, durchbrechende Frühlingswonne im Vogelgesang, das sind die Erscheinungen, die den Dichter fesseln, während er im Winter darüber klagt, daſs Reif und Schnee liege, wo er sonst Blumen brach, daſs der Vöglein Sang verstummt sei etc. etc. Die Wiederkehr dieser Floskeln ist so typisch, daſs von einer individuellen Naturbetrachtung kaum gesprochen werden darf.

Frankreich übernahm seit der Epoche des gotischen Stils die Führung auf fast allen Gebieten des Kulturlebens, von Frankreich ging auch der Anstoſs zu einer neuen künstlerischen Naturauffassung aus. Etwa seit der Mitte des XIV. Jahrhunderts kommt hier ein neuer Miniaturstil auf, welcher der Darstellung des landschaftlichen Beiwerks einen gröſseren Platz einräumt und mit der bisherigen Stilisierung bricht.

Die Ausflüge in Feld und Wald, die Freude an der Jagd und die Liebe zu den Tieren, die wir in Frankreich schon frühe und stark ausgebildet finden [2]), führten zu einer vertrauten Bekanntschaft mit den Einzelheiten der Natur im Gegensatz zu der mehr im allgemeinen bleibenden Gefühlsschwärmerei der Deutschen.

Schon in der dekorativen Plastik des gotischen Stiles, dem Laubschmuck der Kapitäle, Schluſssteine und Krabben des XIII. Jahrhunderts sehen wir in Frankreich eine Wendung zum Naturalis-

---

[1]) cf. auch Schnaase, Gesch. d. b. Ke. V, p. 479 ff.

[2]) cf. A. Schultz, d. höfische Leben z. Z. der Minnesinger I, p. 345.

mus[1]), und der unter Ludwig IX. (1226—1276) aufkommende gotische Miniaturstil hatte bereits die naturalistische Bildung der Baumformen angebahnt und auch der romanischen Terrainstilisierung ein Ende gemacht, — kurz: eine Befreiung aus den Fesseln der strengen Formgebung läfst sich bereits frühe in französischen Landen wahrnehmen, und die französischen Miniaturen aus der ersten Hälfte des XIV. Jahrhunderts geben die besten Proben dieses aufkeimenden Naturalismus, der sich freilich zunächst nur auf Einzelheiten bezieht. In einer Généalogie de la Ste. Vierge[2]) (1323 vollendet) wird die Baumkrone bereits in zwei Teile gegliedert und vom braunen Stamm durch grüne Färbung unterschieden. Innerhalb der Konturen der Krone wird der Blattschmuck zierlich ausgeführt, und Eichenlaub von Buchenlaub unterschieden. Die Gräser des aus der Schollenbildung wieder zu einer festen Masse verdichteten Terrains werden ebenfalls deutlich erkennbar wiedergegeben. Die Gesamtkomposition hat allerdings noch keine Tiefe, vielmehr spannt sich hinter den in die Vordergrundsfläche gerückten Fels- und Erdmassen der für die französische Kunst dieser Zeit typische Schachbrettgrund auf. Der Sinn für Gröfsenverhältnisse kann sich bei dem eifrigen Streben, im einzelnen möglichst genau zu sein, nicht entwickeln: die Ähren sind so grofs, wie die Bäume, deren Kronen wiederum oft kleiner sind, als die darauf sitzenden Vögel, und der beim Einzuge Christi auf den Baum kletternde Zachäus ist den Mafsen des Baumes angepafst, halb so grofs gebildet als die anderen Personen der Scene.

Neben dieser Généalogie sei noch ein Leben des h. Dionysius in Paris (Ms. lat. 7953—55) aus der Zeit Philipps V. (1317—1322) erwähnt, von dem Waagen[3]) berichtet: »Bäume in der Form eines

---

[1]) Originell ist auf einer Miniatur der Pariser Minnesängerhds. (XIII. Jhdt.) ein Pferd dargestellt, welches, getäuscht durch die naturalistische Bildung des Kapitälschmuckes, diesen für Pferdefutter ansieht und darauf losbeifst: gewissermafsen eine Satire gegen die neuerungssüchtigen Steinmetzen der Zeit.

[2]) Berlin, Kupferstichkab. Hamiltonsamml. Inv. Nr. 77, Verzeichnis der Ms. von Seidlitz (Repert. f. Kw. VI ff.) Nr. 24.

[3]) K. u. Kwe. in Paris p. 304.

Eichenzweiges, ein grüner Boden, Berge mit Blumen zeigen das Bestreben, die Räumlichkeit näher zu bezeichnen.«

Schon damals drang auf ähnlichem Wege, wie die mannigfachen Gallizismen in die deutsche Lyrik[1]), auch französische Formgebung in die deutsche Miniaturmalerei ein, und sie läſst sich z. B. in den Minnesängerhandschriften zu Paris und Stuttgart aus dem Ende des XIII. Jahrhunderts[2]) bereits nachweisen.

Zunächst bleiben die Deutschen in der Behandlung des vegetabilischen Details hinter den Versuchen des französischen Naturalismus weit zurück. Zwar erhalten die Bäume eine angemessene Gröſse, aber Stamm und Krone werden noch immer gleichmäſsig grün gefärbt[3]) und die Äste verschlingen sich innerhalb der von einem geschlossenen Kontur umgebenen Krone noch in der alten ornamentalen Weise, oder verzweigen sich in frei auslaufendes Rankenwerk[4]). Das Terrain wird hie und da durch kleine Gräser und Blümchen belebt, bleibt aber auf den schmalen Vordergrundstreifen beschränkt, über dem der weiſse Grund freigelassen wird. Die Farbe der Tiere ist noch willkürlich. Auch in Frankreich sehen wir neben den feiner gebildeten »enlumineurs«, die sich bereits im XIII. Jahrhundert zu einer vom Klerus unabhängigen Zunft zusammenschlossen[5]), derbere Künstler auftreten, denen lebhafte und deutliche Darstellung im alten Sinne mehr am Herzen lag, als künstlerische Durchbildung. Die Ritterromane, welche mit ihren neuen Stoffkreisen den illustrierenden Künstler oft genug in Verlegenheit setzen, legen dafür ein Zeugnis ab. So sehen wir in einer 1341 vollendeten Bilderhandschrift des Romans »Alexandre Macedoine« in Berlin[6]) einen ziemlich dilettantischen Künstler sich mit den Darstellungen der Abenteuer des Ritterkönigs Alexander

---

[1]) Wackernagel, Altfranz. Lieder und Leiche, Basel 1846, p. 193, schildert treffend diesen französischen Einfluſs auf Leben und Bildung der Deutschen.

[2]) Die Weingärtner Liederhandschrift, herausgeg. vom litterar. Verein zu Stuttgart. Bd. V. Die Pariser von Hagen im Bildersaal altdeutscher Dichter.

[3]) Stuttgarter Cod. p. 60 der Publ.

[4]) ebda. p. 4 im Bildersaal, cf. bes. T. XVIII, XXVII, XXXII.

[5]) Springer, Paris im XIII. Jhdt. p. 110.

[6]) Kupferstichkab. Hamiltons. Inv. Nr. 79 v. Seidlitz, a. a. O. Nr. 79.

abmühen. Um Frauen auf einer Insel darzustellen, führt er das den Flufs andeutende Wellenlinienband rings um die Gruppe der Frauengestalten herum, so dafs diese wie aus einem aufrechten Rahmen herausschauen. Gehen Handlungen in einer Stadt vor sich, so wird nach alter Weise ein grofses rundes Loch in der andeutenden Architekturgruppe ausgespart und in dieses die Figuren ohne jede Rücksicht auf das Gröfsenverhältnis hineingesetzt. Gleichwohl ist auch hier in den vegetabilischen Details das Streben nach Naturwahrheit und Leben nicht zu verkennen. Lanzettförmige Blätter wechseln mit gezackten und die Rohrbüschel mit ihren Blütenkolben sind hübsch beobachtet.

Solche Leistungen beweisen, dafs die Fortschritte zum Naturalismus nicht plötzlich und überall mit gleichem Erfolge auftreten, vielmehr schärft sich das Auge für die Einzelformen der Natur erst ganz allmählich. Das sich jetzt auch mehr und mehr entwickelnde malerische Gefühl, das sich in der stärkeren Modellierung der in Gouachefarben ausgeführten Gestalten ausspricht, kam dieser realistischen Richtung auch zu statten. Man hat diese Bestrebungen besonders auf die flandrischen Künstler, welche in der Buchmalerei dieser Epoche eine gewisse Rolle spielen, zurückführen wollen; vor allen Schnaase[1]) hat nachzuweisen versucht, dafs und warum die naturalistische und malerische Richtung im flandrischen Boden und Volkscharakter wurzelt. Trotzdem mufs man den erwachenden Natursinn jener Epoche, der den eigentlichen Antrieb zur Entwicklung dieser Fähigkeiten bildet, mit demselben Forscher[2]) als ein »Gemeingut der Nationen« ansprechen, auf dessen Entstehen in der geistigen Strömung der Zeit zu oft hingewiesen ist, als dafs es nötig wäre, hier darauf zurückzukommen[3]). Innerhalb der rein künstlerischen Entwicklung ist es namentlich das Wiederauftreten perspektivischer Vertiefung in der malerischen Darstellung, welches einen bedeutungsvollen

---

[1]) Gesch. d. b. Ke. VIII, p. 91 u. Niederländische Briefe, p. 325.

[2]) Gesch. d. b. Ke. VIII, 27.

[3]) Über die Erweiterung der Naturanschauung in der Renaissance und ihre ästhetische Bedeutung vergl. namentlich Burkhardt, Kultur d. Renaissance in Italien Bd. II, cap. 3: die Entdeckung der landschaftlichen Schönheit u. Humboldt, Kosmos II, 68 ff. 295 ff. Ferner Schnaase, Gesch. d. b. Ke. VIII, cap. II.

Fortschritt des Naturalismus kennzeichnet. Die wissenschaftliche Neubelebung der Perspektive im XIII. Jahrhundert[1]) war ohne Einfluſs auf Kunst und Künstler geblieben. Wohl aber läſst sich die Annahme nicht leicht von der Hand weisen, daſs der gotische Kirchenbau das Auge des Künstlers für perspektivische Wirkungen geschärft habe[2]). Sagt doch noch 1546 Hieronymus Rodler in der von ihm herausgegebenen »Perspektiva« im ersten Kapitel, »was Perspektiva sey«: »Damit man sich nicht einbilde, sie sei bloſs aus Spekulation entstanden, geh in eine groſse Kirche mit Säulen und hohen Fenstern, stelle deinen Rücken an die Mitte der hintersten Wand, kehre dein Gesicht als stillstehend über sich, so wird dich selbst bedunken (wiewohl alle Kragsteine und Fenster in einer Höhe gemauert sind), als ob die Säulen und Kragsteine bei dir am höchsten und sich von Säulen zu Säulen in die Ferne hinwegsenkten ..... Wiewohl diese Kunst den alten Malern und Künstlern unbekannt war, haben sie doch durch fleiſsige Übung und Aussinnung des Augenmaſses, der mehr bemeldten Kunst (aber gar nicht die Schärfe ihrer Gerechtigkeit gebrauchend) fast nahe hiebei geschoben, welches mit Mühe und nicht so geringlich, als die Kunst selbst giebt, zugegangen«[3]). Derart mögen die Anregungen gewesen sein, welche die Künstler empfingen und die sie zur »Aussinnung des Augenmaſses« antrieben. Daſs es sich auch hier zunächst um rohe tastende Versuche handelt, ist natürlich. Zu einer geometrisch genauen Konstruktion landschaftlicher Perspektive sind ohnehin Messungen notwendig, die anzustellen keinem Künstler in den Sinn kommen konnte. Vielmehr kommen hier praktische Versuche und Kunstgriffe in Betracht, deren erste Anfänge sich schon in der Miniaturmalerei der zweiten Hälfte des XIV. Jahrhunderts erkennen lassen. So finden wir bereits in einer französischen Übersetzung des Augustinus, die 1375 vollendet wurde[4]), eine Vertiefung des Bildraumes angebahnt. Die Grasflächen des Terrains im Vorder-

---

[1]) cf. Poudra, histoire de la perspective.

[2]) Schnaase, niederl. Briefe p. 47.

[3]) A. G. Kästner, Gesch. d. Mathematik. Bd. II, p. 11. Göttingen 1796.

[4]) Brüssel, Bibl. de Bourgogne Nr. 9005.

grunde sind durch gelbe Strichelchen und Krautbüschel belebt, die einheitlich geschlossene Baumkrone mit gelben Lichtern modelliert; die Felsen des Mittelgrundes zeigen die dem französischen Stil eigentümliche Form, die schräge aufstrebt und auch durch schräge Kanten und Spalten gegliedert ist, auf den von der Umgebung unterschiedenen Äckern und Feldern des Hindergrundes sehen wir Windmühlen, Galgen und Staffage, darüber steigt der durch Silberschraffierung abgetönte blaue Horizont empor. Auch in einer bible moralisée vom Ende des XIV. Jahrhunderts[1]) gewahren wir in der Modellierung der Baumkronen, sowie in der Tönung des Himmels und der versuchten einheitlichen Lichtführung sehr deutlich das Bestreben, der natürlichen Erscheinungswelt koloristisch gerecht zu werden, freilich auf Kosten der Perspektive, die noch so gut wie ganz fehlt.

Also auch in dieser Epoche sind die Versuche noch vereinzelt und von sehr verschiedenartigem Erfolge begleitet. Vielfach wird diese Verschiedenheit von äufseren Bedingungen bestimmt; so werden die für den fürstlichen Gebrauch bestimmten Bücher[2]) sicherlich bedeutenderen Illuminatoren anvertraut sein, als die Handschriften, die für Klöster und Private angefertigt wurden, und es wäre unbillig, die Leistungen der einen oder der andern Art zum ausschliefslichen Mafsstab für die Beurteilung der Buchmalerei des XIV. und XV. Jahrhunderts zu nehmen.

Wir heben deshalb neben den Durchschnittsleistungen auch einige Beispiele der burgundischen und französischen Hofkunst heraus, welche gewissermafsen die Spitzen der Entwicklung vertreten.

Das Buch mit den Reisebeschreibungen Marco Polos, Guillaume de Mandevilles und Haytons, welches in der zweiten Hälfte des XIV. Jahrhunderts, wahrscheinlich für Philipp den Kühnen von Burgund (1363—1404) illuminiert wurde, zeigt bereits eine sauber ausgeführte Landschaft. Nach der Reproduktion bei Humphreys[3])

---

[1]) Universitätsbibliothek zu Gent. Katalog von St. Genois Nr. 426.

[2]) Seit dem XIV. Jahrhundert begann der Sammeleifer der Fürsten und vornehmen Herren sich auf Luxushandschriften zu richten. cf. Wattenbach, Schriftwes. i. M. A. p. 311 und 502. (2. Aufl.)

[3]) the illuminated books of the middle ages. London 1849.

zu urteilen, ist der Baumschlag bereits recht geschickt durchgebildet; die Bäume, welche im Verhältnis zu den Figuren noch immer auffallend klein gebildet werden, tragen saftgrüne Kronen mit gegliedertem Umrifs und gelben Lichtern; ein Weidenstamm ist charakteristisch von den anderen Bäumen unterschieden. Über den Fels, welcher den Vordergrund abschliefst, blickt man in die blau getönte Ferne des Hintergrundes. Der Horizont setzt sich weifs vom Terrain ab und geht an dem oberen Rande in dunkelblauen Ton über. Also auch die gröbsten Wirkungen der Luftperspektive sind dem Künstler nicht mehr unbekannt.

Aus den vielen livres d'heures[1]) des Herzogs von Berry († 1416) sei die Brüssler Handschrift[2]) hervorgehoben, deren Bilderschmuck neuerdings[3]) auf Jacquemart de Hesdin zurückgeführt worden ist. Die Kenntnis der Perspektive ist noch gering, auch der Mangel an Proportion ist in Architektur und Landschaft nicht zu übersehen. Der Himmel ist noch nicht getönt, hinter dem Felsen des Mittelgrundes tauchen hie und da die Spitzen ferner Schneeberge auf. Einzelne Felskuppen sind von Burgbauten gekrönt, zu denen gewundene Pfade emporführen. Reich ausgestattet in landschaftlicher Beziehung ist die Flucht nach Ägypten, wo wir das besorgte Elternpaar auf dem felsigen Hohlweg des Vordergrundes mit ihrem Maulesel einherziehen sehen, während der Mittelgrund von dürren Bäumen besetzt ist, und im Hintergrunde sich das Meer mit Hafen und Insel öffnet. Steile Felsufer mit überhangenden Kuppen begrenzen das Wasser, welches durch Schiffe belebt ist; die Insel giebt einen guten Mittelpunkt für das zwar ohne Luftperspektive, aber in den Linien nicht ungeschickt komponierte Landschaftsbild des Hintergrundes, dem sich in demselben Manuskript noch die Darstellung der Grablegung an die Seite stellen liefse.

Breiten Raum für landschaftliche Darstellungen boten die meist den Horarien vorangestellten Kalenderillustrationen. Es sei hier statt vieler das schönste unter den Horarien des Herzogs von

---

[1]) cf. Delisle in d. Gaz. d. b. a. 1884, Per. II. p. 97 ff.

[2]) Ms. 11060 der bibl. Royale.

[3]) Delisle, mélanges de paléographie et bibliographie p. 295—303.

Berry, das jetzt im Besitze des Duc d'Aumale befindliche Manuskript, angeführt, dessen Monatsbilder am Anfang des XV. Jahrhunderts (ca. 1416) von Paul von Limburg und seinen Brüdern angefertigt wurden; einige derselben sind in Heliogravure von Delisle in der Gaz. d. b.-a. 1884 reproduziert. Den Hintergrund schliefsen hier meist in grofsen Verhältnissen gehaltene historische Bauten ab. Auch dieses Eindringen reicher im einzelnen ausgeführter Architektur in die Darstellungen ist als ein Zeichen des fortschreitenden Realismus zu begrüfsen. Wie der Künstler seine Gestalten in die zeitgenössische Modetracht kleidet, stellt er sie auch unbefangen in eine landschaftliche Umgebung, deren Motive seinem Lande und seiner Zeit entlehnt sind. Die Windmühle in der Nähe des Ölbergs, auf dem Christus betet, befremdet ebensowenig, wie die gotischen Burgen und Kathedralen, die in den biblischen Darstellungen ihren Platz finden. Die architektonischen Elemente in der Landschaft nötigten zudem den Künstler zu schärferer Beobachtung der Perspektive, und so sehen wir denn diese in den genannten Monatsbildern bereits recht fortgeschritten. Die Bäume aber behalten noch immer ihre Pygmäengestalt; dies fällt namentlich auf in der Illustration des Dezembers, wo wir in der Lichtung eines Waldes Meute und Meutenführer zum Hallali herbeigeeilt sehen, und die dichte Stellung der vielverzweigten Bäumchen, welche die Lichtung des Vordergrundes umstehen, das Ungeschick des Künstlers recht deutlich offenbart; ganz zu schweigen von der archaisierenden Darstellung des Paradieses, dessen saubere Einzelausführung für den Mangel jeder Perspektive uns nicht entschädigt.

Auch dem niederländisch-französischen Künstler Jacques Daliwe, dessen Skizzenbuch aus den ersten Dezennien des XV. Jahrhunderts die Berliner Bibliothek bewahrt, fehlt noch der Blick für das landschaftliche Gesamtbild. Noch keine Tiefenbildung bemerken wir auf dem Täfelchen, welches einen Einsiedler schildert, auf den zwei von einem Bauern geführte Ochsen einstürmen; die Bäume sind bei aller naturalistischen Durchbildung im einzelnen noch immer zu klein im Verhältnis zu den Figuren. Dasselbe Misfsverhältnis von Figur und Umgebung zeigt auch das Bildchen des

Eremiten vor seiner Klause. Hühnerkorb und Schweinestall verraten das eingehende Interesse, welches der Künstler der Ausstattung des idyllischen Gärtchens widmet, auch die Bäume sind sicherlich nach der Natur studiert, aber das Ganze zerfällt in disproportionierte Einzelheiten, ohne den Eindruck eines landschaftlichen Idylls, zu dem alle Elemente vorhanden sind, zu gewähren. Neben peinlich genauen Tierstudien sehen wir auch landschaftliche Detailskizzen. Neben Baumkronen, deren Blattform bis auf den Zahnrand genau angegeben ist, finden wir dann aber wieder völlig schematische und ungegliederte.

Kurz, auch von diesem Künstler gilt, was von der ganzen französisch-flandrischen Miniaturmalerei der voreyckischen Periode gesagt werden darf: das Einzelstudium der Natur hat begonnen, aber die Versuche, die einzelnen Elemente zu einem perspektivisch vertieften landschaftlichen Bildhintergrunde zu verschmelzen, verraten in allen Stücken noch die Unsicherheit und Befangenheit dilettantischer Kunstübung[1]).

Bevor wir daran gehen, den gewaltigen Umschwung zu schildern, den die landschaftliche Darstellung durch die Thätigkeit der Brüder Eyck und ihrer Schule erfuhr, müssen wir noch einen Blick auf die Denkmale der Grofsmalerei in der deutschen Gotik werfen, um in kurzen Zügen das Bild zu vervollständigen, welches die Entwicklung der Miniaturmalerei für unsere Darstellung bot. Die Technik des Miniators erlaubte manches kecke Wagnis, für das er bei seinem feingebildeten Auftraggeber auf Verständnis rechnen durfte. Das Kirchenbild aber hatte seine Bedeutung seit der romanischen

---

[1]) Auch das wissenschaftliche Interesse an der Natur kommt in dieser Zeit über die Beschäftigung mit den Einzelformen nicht hinaus. Für unsere Untersuchung interessant ist der Umstand, dafs in dieser Periode die Pflanzenbücher aufkamen. So diejenigen in der Bibliothek des Königs René (1409—1480), das Kräuterbuch des Benedictus Riccius von 1415 auf der Markusbibliothek in Venedig, ein anderes italienisches Herbario con figure aus dem XV. Jhdt. cf. Wattenbach, Schriftw. d. M. A. 2. Aufl. p. 295 Anm. 3. Bemerkenswert ist auch das eingehende Interesse, das Leo von Rozmidal (2. Hälfte d. XV. Jhdts.) auf seinen Reisen den botanischen Merkwürdigkeiten und ihrer Beschreibung zuwendet. cf. Bibl. d. litt. Ver. VII, 63, 67, 68, 78, 107, 111.

Zeit trotz der stilistischen Umbildcng nicht wesentlich verändert; immer galt noch die »instructio nescientium« als vornehmste Aufgabe, und die Deutlichkeit des Ausdruckes hätte bei einer Erweiterung der Darstellung durch unwesentliche Beigaben, als welche landschaftliche Scenerieen in der Bilderfibel der mittelalterlichen Kirche doch immer noch betrachtet wurden, nur Einbuſse erlitten. Überdies stand die Phantasie des gotischen Kirchenmalers, der meist der Steinmetzenzunft zugesellt wurde, völlig unter dem Banne des architektonischen Formgedankens; die Auflösung des massiven Baukörpers in ein Gerüst von Streben und Stützen entzog dem Wandmaler die breite Fläche für seine Kompositionen. Der Glasmaler tritt an seine Stelle; eine Verquickung von tektonischem und Teppichstil giebt sich in dessen Werken kund und überträgt sich auch auf das später aufkommende Tafelbild. Umrahmung und Gliederung folgen den Gesetzen der gotischen Architektur, die Bildflächen werden wie Teppiche in den so gegliederten Rahmen eingespannt. Der Begriff spezifisch malerischer Formensprache und Komposition geht in der monumentalen Malerei dieser Periode verloren. Die Stilisierung der geringen vegetabilischen Beigaben erhält sich länger, als in der Miniaturmalerei [1]).

In den wenigen erhaltenen profanen Wandmalereien und den niederdeutschen gestickten Teppichen des XIV. Jahrhunderts fehlt es nicht an landschaftlichen Andeutungen [2]), meist jedoch in der alten Weise.

Die Tafelmalerei entwickelte sich aus der Bemalung einzelner Geräte (Antependien, Möbel) und dieses erklärt den dekorativ-tektonischen Charakter der ältesten Tafelbilder.

Die Darstellungen beschränkten sich anfangs meist auf Einzel-

---

[1]) cf. die unter italienischem Einfluſs stehenden Wandmalereien des Klosters Emaus bei Prag aus dem Ende des XIV. Jhdts., die Landschaften haben (Woltmann, Gesch. d. M. I, 394). Dagegen die völlige Abneigung gegen die Landschaft in den niederrheinischen Wandmalereien der gotischen Zeit bei E. aus'm Weerth, a. a. O.

[2]) In den Wandgemälden des Schlosses Runkelstein bei Bozen ist das Landschaftliche »mit feinem Gefühle entworfen«. cf. Mitt. d. k. k. Centr. Komm. 1878. p. XXVII. Die Quedlinburger Teppiche bei Mitthof, Archiv für Niedersachsens Kgesch. II u. III. T. V ff.

figuren und diese wurden, um die Illusion eines edeln als Malgrund benutzten Materials hervorzurufen, meist auf Goldgrund gesetzt, von dem sie sich kräftiger abhoben, ohne doch starker Modellierung zu bedürfen, welche in der Temperatechnik Schwierigkeiten machte.

Gegen Ende des XIV. Jahrhunderts, also vor dem Einflufs flandrischer Kunst, tauchen in der deutschen Tafelmalerei vereinzelte und nicht gerade immer gelungene Versuche auf, den landschaftlichen Hintergrund der Scenen nach Art der Miniaturen anzudeuten. So finden wir in einem Werk der böhmischen Schule aus der zweiten Hälfte des XIV. Jahrhunderts, dem Nebenaltar der Vituskirche zu Mühlhausen in Schwaben, bereits Landschaftsgründe, über denen sich bald der natürliche bald ein Goldhimmel spannt[1]). Auch in der schwäbischen Kunst dieser Zeit zeigten sich ähnliche Ansätze zum Naturalismus, wie der Hauptaltar derselben Kirche beweist, in dessen landschaftlichen Gründen Grüneisen[2]) sogar bereits eine ganz tüchtige Kenntnis der Perspektive erkennen will. Selbst die altkölnische Schule, der man so gerne Beobachtung der Natur abzusprechen geneigt ist, kann der landschaftlichen Beigaben nicht ganz entraten. Ein ziemlich rohes Antependium aus dem XIV. Jahrhundert[3]) zeigt solche in einzelnen Scenen (Verkündigung an die Hirten, Einzug in Jerusalem, Christus am Ölberg, Erscheinung Christi vor Maria Magdalena). Die idyllischen Rosenhage und blumigen Wiesenplane mit ihren Blüten- und Fruchtbäumen, in deren Kronen sich Vögel wiegen, wie sie in den Madonnendarstellungen aus der Schule des Meisters Wilhelm (Ende des XIV. Jhdts.) nicht selten sind[4]), seien nur erwähnt, um die innige Naturfreude auch dieser Richtung der kölnischen Schule zu kennzeichnen.

Aber auch gröfsere Tiefenkompositionen fehlen nicht ganz. So

[1]) cf. Kunstblatt 1840, p. 404.

[2]) Kunstblatt 1840, p. 403 u. 405.

[3]) Köln, Mus. Wallraf-Richartz Nr. 35 (Nummern nach dem Führer von Niefsen, Köln 1863).

[4]) Es sei hier namentlich auf die Frankfurter Madonna im Blumenhag (Woltmann, Gesch. d. M. I, p. 118) und den Berliner Flügelaltar (Katalog Nr. 1138) hingewiesen.

sind die unruhig bewegten Gruppen einer Kreuzigung im Gedränge[1]), auf einem Terrain angeordnet, welches im Vordergrund hellgrünen blumigen Rasen zeigt, zu beiden Seiten nach dem Hintergrund zu stark ansteigt und zwei Bauwerke trägt. Einen Schritt weiter geht eine andere Kreuzigung aus der Schule Meister Wilhelms[2]), wo der Hintergrund bereits leise abgetönt und das Laubwerk der noch unproportionierten Bäume im einzelnen sehr sauber ausgeführt ist. Die braunen Hügel des Mittelgrundes sind freilich noch nicht irgendwie rhythmisch gruppiert, aber die erste — wenn auch nur unklare — Andeutung von drei Gründen verdient schon an sich in dieser Epoche der kölnischen Malerei Beachtung. Ein anderer tüchtiger Schüler des Meisters[3]) tönt bereits den Horizont ab, und in einem etwas späteren Cyklus von Darstellungen aus dem Leben Christi[4]) finden wir bereits ein festes Kompositionsschema für die landschaftlichen Gründe. Meist wird die Darstellung durch zwei Felsen im Vordergrunde eingefafst, welche einen Durchblick in die blau getönte Ferne gestatten[5]). Eine frühe Darstellung der Ursulalegende[6]) führt uns sogar das Bild des damaligen Köln mit historisch genauer Architektur vor, deren Perspektive gar nicht ungeschickt durchgeführt ist. Den Rheinstrom im Vordergrunde sucht der Künstler allerdings noch in archaischer Weise durch in die Wellen hineingezeichnete Fische zu verdeutlichen.

Es sind dies mehr oder weniger kindliche Versuche, aber ihre Anführung wird genügen, um der Ansicht den Boden zu entziehen, als kenne die deutsche Malerei vor dem Eindringen des flandrischen Einflusses die Landschaft überhaupt nicht. Es finden sich in jener Zeit in Deutschland ebensowohl Anzeichen des anbrechenden Naturalismus, wie in den Niederlanden, und wenn man in den Arbeiten eines Daliwes und Bröderlam mehr Sinn für Natur und Landschaft

---

[1]) Museum Wallraf-Richartz Nr. 42.

[2]) ebda. Nr. 44.

[3]) ebda. Nr. 90a.

[4]) ebda. Nr. 96.

[5]) Dasselbe Schema auch auf dem Sippenaltar derselben Schule Nr. 107 d. kölner Mus.

[6]) ebda. Nr. 99.

zu finden glaubte, als in anderen Kunstwerken vom Ausgang des XIV. Jahrhunderts, so dürfte dies unter der moralischen Pression geschehen sein, Vorgänger für den Naturalismus der Brüder van Eyck auf flandrischem Boden zu suchen. Auffallenderweise ist der letztere dieser Künstler, Bröderlam, neuerdings von belgischer Seite der elsässischen oder westfälischen Schule zugewiesen worden[1]), woraus doch wohl hervorzugehen scheint, dafs seine naturalistischen Neigungen ihn nicht allzusehr von der deutschen Kunst jener Zeit scheiden.

Die flandrische Schule.

Die naturalistische Richtung war in jener Zeit allgemein; trotzdem bleibt den Brüdern van Eyck das Verdienst, in dieser Richtung den für die Entwicklung der Landschaftsmalerei entscheidenden Schritt gethan zu haben. Fast immer sind es einzelne geniale Künstler, welche die Leistungsfähigkeit ihrer Zeit auf die Höhe der lange vergeblich angestrebten Ziele erheben; mag der Fortschritt in einem energischen Bruch mit der Tradition bestehen, oder den abschliefsenden Grad einer Entwicklung bezeichnen, stets wird er von einer mächtigen Persönlichkeit getragen erscheinen. So knüpft man denn auch mit Recht die eigentliche Entdeckung der landschaftlichen Schönheit für die Tafelmalerei an die Namen jener beiden flandrischen Brüder, deren malerisch gelegene Heimat, Maaseyck, ihnen wohl den Blick für die Reize landschaftlicher Umgebung schärfen mochte. Rühmt doch schon van Mander die »heerlycke Riviere de Maase« und der merkwürdige Umstand, dafs auch Herri met de Bles und Joachim de Patenier, die beiden ersten selbständigen Landschafter der niederländischen Schule, von den Ufern der Maas stammen, verdient Erwähnung. Es wäre indes ebenso vergeblich, nach dem Grund solcher Begabung in äufseren

---

[1]) Edgar Baes sagt in seiner histoire de la peinture de paysage, Gand 1878, p. 30 von ihm: »cet artiste appartient sans doute à l'école de l'Alsace ou de la Westphalie: ses ombres tranchées, sa couleur et un manque de vigueur sembleraient l'indiquer.« Neuestens will derselbe Schriftsteller Bröderlam gar zu einem Schüler Giottos oder Memmis (!) machen. s. Recherches sur les origines de l'art flamand. Bull. d. comm. roy. d'art et d'archeologie. Bruxelles 1885.

Umständen zu suchen[1]), wie es müfsig ist, darüber zu streiten, ob der malerische Sinn, der nun einmal die Werke der Eycks auszeichnet, sich die Technik geschaffen, oder ob nicht vielmehr die Anwendung dieser, nämlich der Ölmalerei, die malerische Richtung hervorgerufen und ermöglicht habe. Thatsache ist, dafs in demjenigen Werk, welches uns als das specimen eyckischer Malerei zu gelten pflegt, dem Genter Altar, Vermögen und Absicht in Beziehung auf landschaftliche Darstellung sich durchaus decken. Die Haupttafel dieses Altars (Gent, S. Bavo) ist ein Breitbild und stellt bekanntlich die Anbetung des Lammes dar. Der Horizont ist hoch gelegt; den mittleren Vordergrund nimmt eine saftiggrüne Wiese ein, welche von Rosengesträuch, Weinreben, Palmen, Cypressen und Lorbeergebüsch umrahmt wird und auf welche die Figurenmassen in fein abgewogener Gruppierung verteilt sind. Rechts und links blicken Thürme über die bewaldeten Hügel des Mittelgrundes; über den blauen Bergen des Hintergrundes steigt der prächtig abgetönte Himmel empor, an dem sich leichte Wölkchen kräuseln.

Für manche Mängel in der Perspektive und der Terraingliederung entschädigt das harmonische und in vollen Tönen gehaltene Kolorit. Der Horizont setzt sich in den vier Flügelbildern fort, so dafs das Rahmenwerk uns vom Bilde losgelöst wie eine architektonische Gliederung anmutet, durch die hindurch wir in die geschlossene Landschaft blicken. Von beiden Seiten strömen zu dem Lamm, welches als Mittelpunkt des Hauptbildes erscheint, die heiligen Einsiedler und Pilger, die Streiter Christi und die gerechten Richter herbei. Deren dicht gescharte Gestalten nehmen den Vordergrund der Flügelbilder ein, während den Mittelgrund Berge füllen, über deren waldigen Höhen nur ein schmaler, in blauem Licht schwimmender Gebirgsstreifen, hie und da von Architektur unterbrochen, sichtbar wird. In den Vertikal- und Diagonallinien der landschaftlichen Komposition waltet noch kein festes Prinzip, die Massen sind viel-

---

[1]) Dafs die angeführten Maler nicht, wie oft behauptet worden, Veduten ihrer engeren heimatlichen Umgebung in ihre landschaftlichen Kompositionen aufnahmen, hebt Schnaase (niederl. Briefe p. 510) hervor, der vielmehr in der Gegend um Lüttich Anklänge an Landschaftsmotive der altflandrischen Meister zu erkennen glaubte, a. a. O. 512.

mehr nach koloristischen Gesichtspunkten gruppiert. Der graubraune Felsboden des Vordergrundes an den beiden Seiten der Figurenkompositionen in zwei schieferartigen Felsblöcken aufsteigend, geht in den grünen Mittelgrund über, dessen Waldmassen, allerdings noch nicht durch breitere Lichtkontraste gegliedert, in lebhaften, oft sogar kleinlichen Umrifslinien von dem Gebirgsstreifen am Horizonte sich abheben.

Wem der gröfsere Anteil an der landschaftlichen Ausführung zugesprochen werden darf, Hubert oder Jan, läfst sich kaum entscheiden. Südliche Vegetationsformen[1]), wie sie in fast allen Teilen der Landschaft sich finden, lassen an Jan denken, der in den Jahren 1428—29 einer Mission des Herzogs Philipp nach Portugal beigegeben war, und der daher Reminiscenzen an diese Reise in dem 1432 vollendeten Altarwerk wohl verwerten konnte; doch stehen diese Einzelformen nicht im Einklang mit dem Gesamtcharakter der Landschaft, der vielmehr an ein Hochgebirge erinnert und in einzelnen Teilen (z. B. auf dem Flügel der h. Pilger) geradezu nordische eindrücke wiederspiegelt. Schon solche Widersprüche, welche sich noch weit mehr ins einzelne verfolgen lassen, verraten die Thätigkeit zweier Hände, die sich indes nicht überall genau unterscheiden lassen.

Den gröfseren Anteil werden wir immerhin Jan zuschreiben dürfen, da auch die Tradition[2]) für seine besondere Befähigung als Landschaftsmaler ins Gewicht fällt. Freilich zeigt sich Jan in seinen selbständigen Werken sehr ungleich als Landschafter, so dafs wir aus denselben kaum einen Rückschlufs auf seinen Anteil am Genter Altarwerk ziehen können.

In einem seiner früheren Bilder, der Madonna des Kanzlers Rollin im Louvre, führt er eine Art der landschaftlichen Darstellung ein, die seither mit grofser Vorliebe in seiner Schule aufgenommen wurde. Aus einer hoch gelegenen Halle, in der die Figuren-

---

[1]) Schon van Mander hebt hervor: »in't Landschap zijn veel uptlandsche vreemde Boomen«, Ausg. v. 1617, fol. 124, sp. 4, abgedr. bei Crowe u. Cav. Ed. Springer, p. 438.

[2]) Dafs Jan selbständig Landschaften mit Staffage gemalt habe, bezeugt der Anonymus Morelli Ed. 1800, p. 14 und van Mander bestätigt es.

komposition angeordnet ist, blicken wir hinab in eine sich weit in die Ferne dehnende Flufslandschaft mit sanft ansteigenden Ufergeländen und reicher Architektur. Den Reiz solcher Fernsichten[1]) von hohem Standpunkt aus, die dann mit allerpeinlichster Sorgfalt ausstaffiert werden, hat sicher Jan zuerst empfunden und empfinden gelehrt. Erstaunt ruft Facius bei dem Anblick einer solchen Tafel aus: »montes, nemora, pagi, castella tanto arteficio elaborata, ut alia ab aliis quinquaginta millibus passuum distare credas«[2]). Was wir uns unter der von demselben Schriftsteller als Werk Jans geschilderten »comprehensio mundi« zu denken haben, »in quo (scil. opere) non solum loca situsque regionum sed etiam locorum distantiam metiendo cognoscas«, bleibt streitig, indes sei hier auf eine ähnliche künstlerisch-geographische Leistung hingewiesen, die uns eine niederländische Alexanderlegende vom Jahr 1431[3]), allerdings als Werk des — Apelles, schildert. Es handelt sich um den Bildschmuck des Dariussarkophages: »ob desen serk so had Apelles gesondert al doir brede vaesken von finen goude en dair had hi ingewracht die ronde werlt aldus als hier staet: want azien hout also veel als beide die ander pertien had Apelles gemaect en gegraven alle die steden die dair binnen waren en alle die rivieren mete en wat volck dat dair binnen woenten. En met wat tongen dat man dair sprac en die grote wauder diere binnen lagen. En ouc alle die eylande van der see en hoe si hieten« ect. ect.

Diese Schilderung mag uns vergegenwärtigen, wie sich die Zeit der Eycks solche Darstellungen dachte. Der Illuminator der Handschrift freilich, der dies Wunderbild auf dem Sarkophag des Darius darzustellen hatte, machte sich die Aufgabe leicht, indem er in einem Medaillon von 0,019 m Durchmesser ein kleines Landschaftsbild anbrachte: im Vordergrund etwas Wasser, dahinter einen grünen Uferstreifen mit Gebäuden und darüber blauen Himmel.

Charakteristisch bleiben jedenfalls beide Beispiele für das Inter-

---

1) cf. Schnaase, Gesch. d. b. Ke. VIII, p. 162.

2) In dem 1456 verfafsten Buch de viris illustribus, abgedr. bei Crowe u. Cavalcaselle, Gesch. d. altniederl. Malerei. Deutsche Originalausg. v. A. Springer, p. 413.

3) Brüssel, Bibliothèque de Bourgogne Nr. 9018.

esse der Zeit an solchen Weltpanoramen. Das Auge öffnete sich für die Schönheiten der Natur, und der Wunsch, sie ganz zu umfassen, sie ganz in sich aufzunehmen, bricht überall durch. »Das Verständnis der Natur war neu, man wollte sie mit vollen Zügen geniefsen, sich ihres ganzen Reichtums bewufst werden. Kein Bild daher, in dem nicht die ganze Fülle der Dinge wenigstens repräsentiert war. Dazu gehörte aber entweder ein gewaltiger Raum oder die kleine Dimension, und diese erhielt natürlich den Vorzug, nicht blofs weil sie handlicher, leichter zu erlangen und herzustellen war, sondern auch, weil sie die Übersicht und somit das behagliche Gefühl des Vertrautseins mit dieser reichen Welt erleichterte« [1]. In der That macht es den Eindruck, als habe der Meister sich gerade bei dem winzigsten Mafsstabe vorzüglich um die Darstellung des Landschaftlichen bemüht. Die Hintergründe der Madonna in Burleigh-house (Crowe u. Cav. p. 103) und der Rothschildmadonna (ebda. p. 114) scheinen das zu bestätigen. Auf der Grenze zwischen Miniatur- und Tafelbild steht auch die unvollendete h. Barbara im Museum zu Antwerpen. Der Turm, vor dem die Heilige sitzt, bildet den Mittelpunkt der Komposition, die an Staffage reiche Ebene des Mittelgrundes zeigt keinen vegetativen Schmuck, während die leise ansteigenden Hügelketten des Hintergrundes durch Baumtriften und reiche Architektur mannigfach belebt sind. Nur der Himmel ist in Farben leicht angelegt, und man erkennt an der Eintönigkeit der perspektivisch unrichtigen Linien so recht, wie sehr der Eindruck der Landschaften der van Eycks von ihrer koloristischen Haltung bedingt ist. Und diese ist sicherlich eine der Haupterrungenschaften Jans, der seiner Zeit und Schule darin weit voransteht. Damit ist aber auch die Verwandlung der Terrainschilderung in eine bis zu gewissem Grade selbständige landschaftliche Komposition des Bildhintergrundes vollzogen. Im besonderen charakterisiert die eyckische Landschaft die schon geschilderte Vorliebe für weite Fernblicke mit Staffage und Architektur, die überaus sorgfältige Ausführung der Details, das Fehlen prägnanter Vordergrundmotive und der Mangel einer sicheren Linien- und Luft-

[1]) Schnaase, Gesch. d. b. Ke. VIII, 161.

perspektive. Oft genug sind die Gründe ohne einheitlichen Augenpunkt übereinander aufgebaut, wie in der Anbetung des Lammes und der h. Barbara, und der Mittelgrund in der Tönung von dem Vordergrund nicht unterschieden.

Gleichwohl stehen die Brüder van Eyck, auch was landschaftliche Darstellung anlangt, weit über ihren Zeitgenossen und Schülern. Es genügt ein Blick auf Schulbilder, wie z. B. die Berliner Tafeln Nr. 527 und 542 mit ihrem hohen, gerade abschneidenden Horizont, ungegliederten Terrain und völligen Mangel an Luftperspektive, um den Abstand von den Werken des Meisters zu erkennen. Auch Petrus Cristus, der einzige direkte Schüler Jan van Eycks, über dessen künstlerische Bedeutung wir durch Monumente einigermafsen unterrichtet sind, steht seinem Lehrer in landschaftlicher Darstellung durchaus nach. Namentlich in der Farbengebung kann er eine gewisse Kälte und Härte nicht überwinden. Einzelne Motive, wie die Flufslandschaft, übernimmt er aus der Werkstatt seines Meisters, andere, wie z. B. den Abschlufs des Horizonts durch eine weite, von bergigen Ufern umschlossene Wasserfläche (Jüngstes Gericht in Berlin Nr. 529 B), erfindet er neu. Eigentümlich ist seinen Landschaften eine Vorliebe für geschlängelte Wege und eine sehr reiche Belebung des Mittel- und Hintergrundes durch realistische Staffage. Da sehen wir einen Bauer seinen Esel zur Stadt treiben, einen Pilger, der im Schatten eines am Wege stehenden Baumes rastet, einen andern wandernd, den dritten zum Stadtthor hineinreitend, den Flufs von Ruderbooten belebt u. s. w. u. s. w.

In den Bildern des Hugo van der Goes finden wir diese Staffierung des Hintergrundes zur Einflechtung einzelner zur Haupthandlung in Beziehung stehenden Episoden benutzt (siehe u. a. das Triptychon im Hofspital Sa. Maria nuova in Florenz), eine Art der Darstellung, die später von Hans Memling mit besonderer Vorliebe ausgebildet wurde.

Die Brabanter Schule.

Von weit gröfserer Bedeutung, als die flandrische Schule war die brabantische für die Entwicklung der deutschen Malerei, und hier ist vor allem Roger van der Weyden (1400—1464) zu nennen.

An seine Leistungen vorzüglich knüpfen die deutschen Meister in der zweiten Hälfte des XV. Jahrhunderts an.

Roger war kein bedeutender Kolorist, beherrschte die Linearperspektive nicht, wufste auch die Luftperspektive nicht im Sinne landschaftlicher Stimmung zu verwerten, fast alle seine Bilder zeigen ein scharfes, aber stimmungsloses Frühlicht. Seiner dramatisch veranlagten Natur war der Sinn für landschaftliche Reize versagt; pafste doch auch zu seinen leidenschaftlichen Schilderungen nicht jene friedliche, sonnenbeschienene Naturumgebung, wie die Flandrer sie schilderten. So malte er denn auch sein mächtigstes und seine Eigenart am klarsten widerspiegelndes Bild, die Kreuzabnahme in Madrid, auf Goldgrund[1]). Viele andere seiner Werke zeigen uns einen zwar äufserst gewissenhaft ausgeführten Landschaftsgrund, aber fast in allen vermissen wir die liebevolle Behandlung, den lyrischen Ton, der die Landschaften seines Nachfolgers Memling so auszeichnet. Meist sucht er die Elemente der Landschaft symmetrisch anzuordnen, und diese etwas schematische Kompositionsweise ging natürlich bald auf seine Schule über, die sich, wie immer, hauptsächlich in Äufserlichkeiten an den Meister anschlofs. So ist die Taufe Christi im Jordan mit der tiefen Flufsperspektive seit Roger eine typische Komposition geworden. Wir finden sie bereits auf einem seiner Jugendwerke, dem Johannesaltärchen in Berlin (Nr. 534 B). Der Jordanstrom fliefst, in ziemlich geradem Lauf die Mitte des Bildes vertikal durchschneidend, gerade auf den Beschauer los, ähnlich wie in den Flufsperspektiven Jan van Eycks. Hier, wie in dem ebenfalls frühen Marienaltar in Berlin (534 A), sind die perspektivischen Fehler recht auffällig; auch die Spiegelung der Ufer im Wasser ist als ein sehr mifslungener Versuch zu bezeichnen.

Die Flufslandschaft war eins seiner Lieblingsmotive; wir finden sie wieder in dem Triptychon der Grosvenorgalerie in London

---

[1]) Der landschaftliche Hintergrund war in jener Zeit durchaus noch nicht unentbehrlich, vielmehr wechselt er oft mit Goldgrund. Dafs hierin sich ein fester Gebrauch ausgebildet hätte, wie ihn Woltmann, Gesch. d. Mal. II, 94 für die deutschen Schulen (mit Unrecht ohne Ausnahme) annimmt, derart, dafs die Festtags-(Innen-)Seiten der Altäre Goldgrund haben, die Aufsenflügel Landschaft, ist in der flandrischen Kunst nicht zu beobachten.

(cf. Crowe u. Cav. ed. Springer p. 244) und dem Münchener Lukasbilde (Kat. Nr. 100).

Der Aufenthalt Rogers in Italien (um 1450) hat in seiner landschaftlichen Auffassung keine Änderung hervorgerufen, wenn wir nicht den geringen Fortschritt in der Perspektive, den man in seinen späteren Werken wahrnimmt, auf italienische Studien zurückführen wollen. Dort hatte man sich in jener Zeit bereits eifrig mit theoretischen Perspektivstudien beschäftigt[1]), und die künstlerischen Reflexe derselben in den Werken eines Paolo Uccelli und Piero della Francesca mögen dem niederländischen Künstler wohl manche Anregung geboten haben. Von einer wissenschaftlich durchdachten Perspektive verraten indes auch seine späteren Bilder nichts, geschweige denn, dafs er sich auf ähnliche Künsteleien und Probleme eingelassen hätte, wie jene italienischen Meister. Ob Rogers Schüler Memling († 1495) italienische Einflüsse erfahren hat, ist unsicher[2]). Seine Landschaften tragen wesentlich flandrischen Charakter, zeigen aber denen seines Lehrers Roger gegenüber einen bedeutenden Fortschritt. Schon das älteste uns erhaltene Werk des Künstlers, der Täufer in München (Kat. Nr. 115), zeigt uns ein gut geschlossenes Landschaftsbild, in dem die Gestalt des Johannes, in kleinem Mafsstabe gehalten, fast wie Staffage erscheint. In Gegensatz zu dieser festgeschlossenen Kompositionsweise steht das Turiner Bild, unrichtigerweise als Darstellung der sieben Schmerzen der Maria bezeichnet; ohne die Frage über den Ursprung und die Berechtigung der Vereinigung mehrerer aufeinander folgender Scenen in einem landschaftlichen Rahmen zu berühren, wollen wir hier nur hervorheben, dafs der Künstler hier diese Art der Anordnung, die er später in den sog. Sieben Freuden Marias in München weit glück-

---

[1]) cf. Dr. H. Brockhaus, Über die Schrift des Pomponius Gauricus »de sculptura« (Habilitationsschrift Lpz. 1885, p. 32 ff.).

[2]) Auf einen Aufenthalt des Künstlers in Italien scheinen die Ruinen eines Amphitheaters (Verona? Colosseum?) in dem Hintergrunde des Katharinenaltars im Johannishofpital zu Brügge hinzuweisen. Auch die geigenspielenden Engel auf der florentiner Madonna und dem Wiener Marienaltar sprechen für eine Bekanntschaft mit italienischen Werken. Über Reflexe seiner Reiseeindrücke in den Bildern des Ursulaschreines siehe weiter unten, p. 54.

licher anwendet, noch nicht beherrscht. Mag es daran liegen, dafs die meisten Vorgänge der Passion, die Memling hier auf einem gemeinsamen Terrain neben- und übereinander darstellt, innerhalb einer Architektur sich abspielen, oder fehlte dem Künstler noch der Überblick über seine Aufgabe, — kurz: es drängt sich im Mittelgrunde des Bildes ein wüstes Chaos von Bauten und Gestalten zusammen, und von einer irgendwie klaren Centralisierung der Gruppen, wie sie im Münchener Bilde angestrebt wird, ist hier keine Rede. Wieweit die Farbengebung dem wüsten Durcheinander Haltung verleiht, ist auf der photographischen Reproduktion, die allein diesem Urteil zu Grunde liegt, nicht zu erkennen. In dem münchener Bilde (Kat. Nr. 116) gliedert Memling die Komposition bereits im Vordergrunde durch drei kräftig betonte Cäsuren. Die Mitte hebt er auch im Mittelgrunde durch eine reiche, von einer Turmanlage überragte Stadtarchitektur hervor, während zu beiden Seiten sich Wege durch die Gefilde des Mittelgrundes zu dem fernen Hintergrunde hinschlängeln, welchen Berge, Hügel und Seen abschliefsen. Trotz der mangelhaften Luft- und Linienperspektive gewinnt so die weitläufige Komposition Einheitlichkeit, und das Auge folgt den einzelnen in die Landschaft eingestreuten episodischen Schilderungen »der Triumphe Christi«[1]) mit Vergnügen, ohne doch den Gesamteindruck zu verwirren. Es mufs freilich zugestanden werden, dafs dieser Eindruck auf Kosten der Natürlichkeit und freien Unbefangenheit der Komposition erreicht wird. So hat der Aufbau der drei Architekturen im Vordergrunde und die Stadt Jerusalem im Mittelgrunde etwas Gezwungenes, und die den Vordergrund abschliefsenden Felsen haben nur den Zweck, diesen vom Mittelgrunde zu trennen, ohne doch landschaftlich motiviert zu sein. Gleichwohl verdient der Versuch Memlings, die landschaftliche Komposition zum Rahmen der verschiedenen Figurenkompositionen zu gestalten, schon deshalb unsere Aufmerksamkeit, weil damit zum erstenmal das Gröfsenverhältnis der Gestalten zur Landschaft verändert wird. Die meisten älteren Meister hatten sich begnügt, hinter der im grofsen Mafsstabe gehaltenen Figurenkomposition einen

[1]) Michiels, Memling. Verviers 1881. p. 97.

Fernblick in die Landschaft zu öffnen: jetzt standen die Gestalten in der Landschaft, nicht mehr vor derselben, die Gruppen mufsten teilweise mit Rücksicht auf die Landschaft komponiert werden. Damit war den Versuchen eines Patenier und Herri met de Bles, die Landschaft zum Hauptgegenstande der Schilderung zu machen, der Weg gebahnt. Die Vorliebe, die Gründe durch Genrestaffage zu beleben, verleugnet Memling auf keinem seiner Bilder. Das Wasser belebt er mit Booten und Schwänen, Eseltreiber und Reiter, Bauern, die mit ihrem Korbe zur Stadt ziehen, begegnen uns besonders oft in seinen Landschaften. Auch an Tieren und idyllischen Gruppen fehlt es nicht; in dieser Beziehung mag namentlich auf das Palermitaner Triptychon hingewiesen sein[1]).

Auch der Katharinenaltar des Johanneshofpitals in Brügge mufs unter den Werken genannt werden, welche die Befähigung Memlings für die landschaftliche Darstellung bezeugen. Nur die konsequente und kräftige Lichtführung vermissen wir hier, wie in fast allen seinen Darstellungen. Dieser Mangel, welcher den meisten altflandrischen Landschaftsdarstellungen anhaftet, erklärt sich daraus, dafs die Meister ihre Hintergründe im Atelierlicht komponierten, ohne doch jemals die Naturumgebung als ein gegebenes Ganze studiert zu haben. Aus Einzelheiten, die sie in der Natur sorgfältig beobachtet hatten, stellen sie ihre Ideallandschaften zusammen. Das Interesse und Verständnis für die atmosphärischen Erscheinungen aber beginnt erst mit der Vedute, und die älteren Versuche, Nachtstücke und Ähnliches darzustellen, wie z. B. in der Geburt Christi auf dem Triptychon Memlings im Johanneshofpital (Crowe u. Cav. ed. Springer p. 301), tragen einen durchaus konventionellen Charakter. Erst Gerard David verstand es, solchen Aufgaben einigermafsen gerecht zu werden.

Ein besonderer Anlafs zur Vedutenzeichnung lag für den altflandrischen Künstler in dem Auftrage des Stifters, in dem Hintergrund des sein Porträt enthaltenden Flügelbildes sein Landhaus oder seine Stadtwohnung anzubringen. Wir glauben solche Veduten u. a. bei Memling in der Madonna Duchatel und dem von Willem Moreel gestifteten

[1]) Crowe u. Cav. p. 328.

Triptychon der Brügger Akademie (Crowe u. Cav. p. 310) nachweisen zu können. Der Umstand, dafs die auf den Flügelbildern des letzteren Altarwerkes dargestellten Bauten (Landschloss mit Zugbrücke, Wirtschaftsgebäude und Parkanlage) auf dem Porträt des Stifters in Brüssel (Mus. roy. Nr. 32) wiederkehren, bestätigt diese Vermutung. Merkwürdig, dafs auch auf dem Mittelbilde gerade dieses Triptychons der Künstler sich über die sonst gewohnte Art landschaftlicher Ausstattung erhebt. Das Bild stellt die Christophslegende dar; graubraune Felsen bilden das Ufer des Flusses, welchen der Riese mit seiner Last durchschreitet; im Mittelgrunde umgiebt den trefflich abgetönten und in der Ferne hinter grauen Felskuppen verschwindenden Flufs eine waldige Landschaft. Den Himmel bedecken graue Wolken, nur am Horizont leuchtet über den blauen Bergen ein Abendrotstreifen auf, der sich im Wasser des Flusses widerspiegelt. Diese Beleuchtungseffekte sind, wenn auch nicht sehr naturalistisch, doch mit grofser Liebe und einem seltenen Farbenschmelz ausgeführt. Auch Einzelheiten, wie die Brechung der Farben im Wasser, hat der Künstler hier fein beobachtet und wiedergegeben.

Im Ursulaschrein läfst Memling seiner Vorliebe für cyklische Darstellung wieder einmal die Zügel schiefsen. Er komponiert die Scenen der Legende durchaus nicht ängstlich in die tektonisch begrenzten Felder des Schreines hinein, kehrt sich nicht an die Säulchen, welche die Bildfläche teilen; er führt den Horizont fast durch alle Bilder in gleicher Höhe hindurch und betrachtet gewissermafsen auch die Wände des Kastens als eine grofse Bildfläche. Die meisten Landschaften tragen den Charakter der Tiefebene, nur in der Ferne erheben sich die schneebedeckten Gipfel der Alpen, die von so realistischer und von den übrigen Berggründen so abweichender Bildung sind, dafs man geneigt ist, auch sie auf eigene Anschauung zurückzuführen. Freilich, die Architektur Basels und Roms zeigt nichts von dem vedutenhaften Charakter, den der Künstler der Darstellung Kölns durch den Dom mit seinem Wahrzeichen, die Martinskirche und das Bayenthor zu geben verstand. Der Himmel ist meisterhaft vom tiefsten Blau bis zum lichten Horizont abgetönt.

Die Madonna Gatteau in Paris (Crowe u. Cav. ed. Springer p. 316) zeigt wieder eine mehr geschlossene Komposition der Landschaft. Die sanft ansteigende Wiese des Mittelgrundes wird umrahmt von einem Laubwald, dessen Bäume zu beiden Seiten mehr in den Vordergrund treten, während man in der Mitte über sie hinweg in die blauen Bergmassen des Hintergrundes blickt. Eine ähnliche Trennung des Vorderplans vom Hintergrunde durch eine Baumwand findet sich auch in dem landschaftlich bedeutenden Johannes Baptista im Besitz des Rev. Heath in Enfield (cf. Crowe u. Cav. p. 319). Es ist nicht zu verkennen, dafs in allen diesen späteren Werken des Meisters die Landschaft an Vollendung und Selbständigkeit gewinnt.

Holländische Meister der altflandrischen Schule.

Wenn wir dem letztgenannten brabanter Künstler hauptsächlich kompositionelle Fortschritte verdanken, so gebührt den holländischen Malern der altflandrischen Schule der Ruhm, die Landschaft auch koloristisch dem modernen Gefühl näher gerückt zu haben, und in diesem Sinne behält van Mander recht, wenn er sagt: »daer wort ook gheseyt en getuyght, uyt de monden der oudste Schilders, dat te Haerlem is van oudts, en begonnen de beste en eerste maniere van Landtschap te maken« [1]).

Albert van Ouwater wird uns von dem Anonymus des Morelli [2]) und van Mander [3]) als Landschafter gerühmt.

Geertzen van Haarlem, sein Schüler, dessen Hand man in einigen Wiener Gemälden wiederzuerkennen glaubt [4]), rechtfertigt den Ruf seines Lehrers in den mit grofsem Geschick und Behagen ausgeführten [5]) Landschaften auf den Bildern Nr. 851 u. 852 des Wiener Belvedere. Deutlicher noch sprechen für die Bedeutung der holländischen Künstler auf diesem Gebiet die Werke des Dierik Bouts und Gerard David.

Dierik Bouts (vor 1420—1475) zeigt sich in der Haltung und Komposition seiner Gestalten sehr unbeholfen, während wir ihn

---

[1]) Ausg. v. 1617. Fol. 129. abgedr. bei Crowe u. Cav. p. 447.

[2]) Alte Ausg. v. 1800. p. 75.

[3]) a. a. O. p. 447.

[4]) Woltmann, Gesch. d. M. II, 40.

[5]) Schnaase, G. d. b. Ke. VIII, 216.

in seinen Hintergründen mit Recht als einen bedeutenden Künstler bewundern[1]). Es hat daher die Tradition, welche ihn einen Sohn eines Haarlemer Landschaftsmalers nennt, durchaus innerliche Wahrscheinlichkeit für sich, und, da seine Behandlung des Landschaftlichen von der seines Lehrers Roger stark abweicht, liegt die Annahme, dafs Dierik in Beziehung auf landschaftliche Darstellung von der Schule seiner Vaterstadt Haarlem beeinflufst sei, nahe. Auch verdient die Nachricht, dafs man noch im XVII. Jahrhundert auf einem seiner Bilder die Umgebung von Haarlem erkannte, obwohl ihr keine zwingende Beweiskraft zuerkannt werden kann, immerhin Erwähnung[2]).

Nicht nur koloristisch zeichnet sich die Landschaft des Schülers vor der seines Meisters aus — Bouts führte zuerst die drei Töne für die drei Landschaftsgründe ein[3]) —, sondern auch in den Einzelformen zeigen sich ganz wesentliche Abweichungen von der flandrischen Art. Die Berge und Felsen sind in einzelne, pyramidal gruppierte rundliche Kuppen aufgelöst (cf. bes. Berl. Gal. Nr. 533), der Baumschlag ist sehr viel detaillierter und die Betonung der Erdfarbe eine weit kräftigere, als bei den flandrischen Meistern. Dazu kommt eine dem Künstler eigentümliche Vorliebe für labyrinthisch geschlängelte Pfade, welche sich durch die Felsmassen oder über die Gefilde seiner Gründe hinziehen. Wir kennen die ältesten Haarlemer Landschaften zu wenig, um sie mit völliger Sicherheit als Vorbild für diese Eigentümlichkeiten ansprechen zu können; jedenfalls aber stehen die letzteren in deutlich erkennbarem Gegensatz zu der flandrischen Schultradition.

---

[1]) Schon Molanus († 1585) sagt von ihm in seiner Geschichte Löwens: claruit inventor in describendo rure.

[2]) cf. die französische Übersetzung von Guiccardinis descrittione di tutti i paesi bassi ect. von Belle-forest. (1609) p. 102 zitiert bei Wauters, Thierry Bouts ect. 1863. p. 8.

[3]) Riegel, Beitr. zur niederl. Kunstgesch. I, 36 führt diese Neuerung fälschlich auf Paulus Bril (1556—1626) zurück. Als Belege für unsere Ansicht seien der Berliner Flügel des Löwener Triptychons (Berl. Gall. Nr. 533), die Marter des h. Erasmus in der Peterskirche zu Löwen und das Hippolitostriptychon in St. Sauveur zu Brügge genannt, wo der braungelbe Ton des Vordergrundes kräftig von dem dunkelgrünen des Mittelgrundes und dieser wiederum von dem hellblauen Bergstreifen am Horizonte sich abhebt.

Das Hauptverdienst Bouts' bleibt indes die koloristische Vervollkommnung der Landschaft. Neben der Unterscheidung der drei Gründe, die keineswegs schroff, sondern durch eine gemeinsame Tönung in ihren Übergängen vermittelt ist, mufs vor allem die prächtige Färbung des Himmels hervorgehoben werden, den der Künstler mit lichtem Gewölk zu beziehen liebt. Mehrfach und nicht ohne Erfolg versucht er auch Beleuchtungseffekte; so auf dem Christophorusflügel des Münchener Triptychons (Kat. Nr. 109), wo die aufsteigende Sonne, ähnlich wie in der Mannalese (ebda. 111), den fernen Hintergrund mit ihrem Lichte übergiefst, während die im Vordergrund sich verengende Felsenkluft, durch deren Wasser der Heilige schreitet, im Halbdunkel liegt.

Hier lernen wir auch ein neues Kompositionsmotiv kennen, das der Künstler in dem linken Flügelbilde desselben Altarwerkes wiederholt: Den Vordergrund verengt er durch seitlich vorgeschobene Felsmassen, welche einen Durchblick in die sich im Hintergrunde weitende Landschaft gewähren; ein Motiv, das recht eigentlich für landschaftliche Darstellungen geeignet scheint, welche selbständige Bedeutung für sich in Anspruch nehmen, weil es die Verschmelzung der Figurenkomposition mit dem Hintergrunde erschwert und den Blick des Beschauers unwillkürlich in die Ferne zieht. Im Grunde dasselbe Prinzip, welches auch den landschaftlichen Kompositionen der späteren französischen Schulen mit ihren sonnenbeglänzten Meeresfernen und seitlich vorgeschobenen Coulissen zu Grunde liegt. Die Gefangennahme Christi von Bouts in der Münchener Pinakothek (Kat. Nr. 112) zeigt ebenfalls einen Lichteffekt: Am Nachthimmel sehen wir die abnehmende Mondscheibe, während die Figuren von Fackellicht beschienen werden; von einer konsequenten Lichtführung ist allerdings auch hier noch nicht die Rede, obwohl der Versuch bereits besser gelungen ist, als bei Memling.

Trotz dieser vorwiegend malerischen Richtung ist Dierik Bouts auch im landschaftlichen Detail, namentlich in der Vegetation des Vordergrundes, von einer peinlichen Gewissenhaftigkeit und hierin, sowie in der Vorliebe für einzelne in den Mittelgrund verstreute Episoden ist er ein unverkennbarer Schüler der flandrischen Meister.

Die Werke Gerard Davids (ca. 1450—1523) beweisen ebenfalls deutlich seine Abhängigkeit von Memling und den Brüdern van Eyck, aber auch bei ihm dringt in der Landschaft das holländische Naturell — er ist der Sohn eines Jan David aus Oudewater in Holland — durch. Schon der Altarschrein der Brügger Akademie (Crowe u. Cav. p. 341) zeigt das. Eine Abweichung von den älteren Meistern zeigt sich darin, dafs hier Bäume zu Vordergrundmotiven benutzt sind, und zwar in richtigem Verhältnis zu den Figuren. Ihre Stämme sind nicht, wie in den älteren flandrischen Werken, enge aneinander gedrängt, um den Wald darzustellen, vielmehr locker auf einem Wiesenplan verteilt und gleichwohl das Waldesdunkel durch kräftige Schatten hervorgehoben. Der Gesamtton der Landschaft ist grünlich, nur die Felspartieen im Mittelgrunde sind braun gehalten. So vorzüglich der Künstler die Spiegelung der Ufer im Wasser des Jordans wiedergegeben hat, so kindlich ist doch die schematische Art der Wellenbildung, die von seinem Lehrer Memling bereits weit besser verstanden wurde. Die krausgeballten Wolken am Horizont leuchten im Abendrot. David beschäftigte sich, — und darin darf man wohl auch einen holländischen Zug sehen, — überhaupt mehr und mit meist gröfserem Erfolge als die anderen Meister, mit der Darstellung atmosphärischer Erscheinungen. So sehen wir auf dem Bilde Nr. 573 der Berliner Galerie (Christus am Kreuze) den Himmel grau bewölkt und die Wirkung dieser Bewölkung in dem stumpfen und kalten Ton der Landschaft sehr geschickt wiedergegeben. Das Kolorit weist uns auch bei einer anderen Berliner Tafel (Christus am Ölberg, Nr. 551 A) in die Schule Davids. Hier ist das Problem der Darstellung eines Nachtstückes zum erstenmal mit Erfolg gelöst. Die Scene ist nur matt von der Mondsichel beleuchtet, welche durch krause Wolken bricht. Die Lichtführung ist sehr geschickt, besonders der bläulich-weifse Reflex des Mondlichtes auf den Gesichtern Christi und der Apostel vorzüglich wiedergegeben. Augenscheinlich hat der Künstler die Gestalten des Vordergrundes aus dem schwarzgrünen Grundton des Himmels und Hintergrundes durch Aufsetzen von Lichtern und Lokaltönen herausmodelliert, ein Verfahren, das für Davids Urheberschaft spricht, da wir Spuren dieser Art auch in der Münchener Epiphanie des Meisters (Kat. Nr. 118) wiederfinden.

Flandrische Miniaturen.

Ueber die flandrische Miniaturmalerei des XV. Jahrhunderts können wir uns hier kurz fassen, weil sie im wesentlichen von der Tafelmalerei abhängig, von geringeren Künstlern ausgeübt und daher für die Entwicklung der landschaftlichen Darstellung nur von geringer Bedeutung ist. Freilich macht die leichtere Technik hier ein rascheres Fortschreiten und freiere Behandlung möglich; so wagen sich die Miniaturmaler, oft durch die gestellten Aufgaben genötigt, früh an die Darstellung von Winterlandschaften, beginnen auch früher als die Tafelmaler, sich mit Beleuchtungsproblemen zu befassen, aber im allgemeinen gehen diese Einzelfortschritte für die Entwicklung der eigentlichen Landschaftsmalerei verloren, da sie auf die Miniaturtechnik beschränkt bleiben. Die Leistungen sind so ungleich, dafs von einer geschlossenen Entwicklung ohnehin nicht die Rede sein kann. Hervorragend auch in landschaftlicher Beziehung sind die folgenden Miniaturen dieser Schule, die man meist ohne Glück mit den Grofsmeistern der flandrischen Schule in Verbindung zu bringen versucht hat: die Chroniken von Jerusalem (Wien, Hofbibl. 2533), das Brevier des Herzogs von Bedford in Paris (cf. Waagen, Kwe. u. Kr. in Paris, p. 354), das Gebetbuch Karls des Kühnen in der Universitätsbibliothek zu Turin, die Horae des Francis Douce in der Bodleyana zu Oxford, die Chroniken Froissards in Breslau und das Breviario Grimani in der Markusbibliothek zu Venedig. Namentlich das letztere hat man oft den Werken der flandrischen Meister einzureihen versucht. Indes steht es den älteren Livres d'heures des Herzogs von Berry weit näher, als den Werken der flandrischen Tafelmalerei. Das Vorherrschen gebrochener Lufttöne, Lichteffekte, Winterlandschaften und rein landschaftliche Darstellungen mit idyllischer Staffage sind die bemerkenswertesten Eigentümlichkeiten der Miniaturen dieses berühmten Codex. Ebensowenig wie diesen dürfte man auch ein Manuskript der Hamiltonsammlung in Berlin (Kupferstichkab. Inv. 205. Verz. v. Seidlitz im Rep. f. Kw. Nr. 137) einem der Grofsmaler der flandrischen Schule (Gerard David) mit Sicherheit zuschreiben können.

Wir haben damit die Darstellung der niederländischen Schule bis hart an die Grenze ihrer selbständigen Entwicklung geführt, und sind so der Schilderung der deutschen Malerei ein gutes Stück vorausgeeilt. Es ist indes unmöglich, die älteren Meister von der jüngeren Generation zu trennen, da die Bezüge zwischen beiden so enge sind, dafs eine Betrachtung der jüngeren Schule stets auf die der älteren zurückgreifen müfste, und dadurch die Darstellung ins Breite gezogen und erschwert werden würde. Überdies knüpft die Entwicklung der deutschen Landschaftsmalerei an die Errungenschaften der älteren wie der jüngeren niederländischen Meister an, und wir müssen daher das ihnen Gemeinsame auf dem Gebiet landschaftlicher Darstellung zusammenfassen, wenn wir das Erbe, welches die deutschen Meister von der niederländischen Kunst antraten, voll würdigen wollen[1]).

Es ist vor allem die Tiefenkomposition, welche die Eycks in die Tafelmalerei eingeführt und durchgebildet haben. Für die Gliederung dieser Komposition in drei Gründe war nicht das unmittelbar Angeschaute mafsgebend, vielmehr versuchte man die einzelnen Elemente landschaftlicher Darstellung nach gewissen sich allmählich festigenden künstlerischen Gesetzen anzuordnen. Diese Elemente waren für den Vordergrund folgende: ziemlich realistisch gebildete Felsen und im einzelnen durchgeführte Vegetation, welche den Boden bedeckt. Das dem Auge Nächste mufste mit der ganzen Schärfe der Einzelheiten dargestellt werden. Architekturmotive im Vordergrunde sind seltener, wenn sie nicht der Gegenstand der Darstellung fordert. In diesem Fall nimmt die Archi-

---

[1]) Dagegen dürfen wir die unter italienischem Einflufs stehenden späteren Niederländer, Quinten Massys (ca. 1460— 1530), Jan Gossaert (ca. 1470—1541), Jan Mostert (1474 — nach 1549), Herri met de Bles (1480 — nach 1521), Joachim de Patenier (thätig 1515—1524), Lucas van Leyden (1494—1533), hier füglich übergehen, da ihre Bedeutung für die deutsche Landschaft der Dürers bei weitem nachsteht, vor und auf Dürer aber ein Einflufs von ihrer Seite nicht zu erkennen ist. Ihre Würdigung ist demnach Aufgabe einer besonderen Geschichte der Landschaft in der niederländischen Kunst, für die Rooses im 7. Kap. seiner »Geschichte der Malerschule Antwerpens« brauchbares Material liefert, während Edgar Baes, Histoire de la peinture de Paysage (XIV—XVIe siècle) Gand 1878 für wissenschaftliche Untersuchungen nur mit sehr grofser Vorsicht zu benutzen ist.

tektur meist einen so breiten Raum für sich in Anspruch, daſs der Vorgang als eine Innenscene mit Ausblick in die Ferne aufgefaſst werden muſs. Die Ruine als landschaftliches Vordergrundmotiv (z. B. bei der Geburt Christi) ist im eigentlich malerischen Sinne noch nicht verwendet. Vielmehr dient sie meist nur zur Umrahmung der Figurenkomposition und erscheint mit dem landschaftlichen Ganzen noch nicht in engerem Zusammenhang, wie denn auch das Verhältnis der Gestalten zu der landschaftlichen Umgebung des Vordergrundes sich erst allmählich ausgleicht.

Den Mittelgrund legt der altflandrische Meister mit Vorliebe tief und belebt ihn durch Architektur, Waldung, seltener durch Gewässer und seitlich vortretende Bergmassen. Die Stadtarchitektur ist meist Phantasieschöpfung, aber aus realistischen Motiven zusammengesetzt. Seltener begegnen wir Dorfbauten, Windmühlen auf Ackerfeldern u. a. Felsburgen und Burgarchitektur überhaupt sind dem niederländischen Künstler wenig geläufig. Im Mittelgrunde entfaltet sich meist ein reiches Leben, für episodische Schilderungen und Staffage ist hier der eigentliche Raum.

Das im ganzen wenig bewegte Terrain des Mittelplanes schlieſst dann eine blaue Bergkette ab, seltener und erst in späterer Zeit bildet eine Wasserfläche den Horizont. Die Formen der Berge und Felsen zeigen in der altflandrischen Schule selten phantastische Konturen, vielmehr überwiegt auch hier, wie in der ganzen landschaftlichen Komposition, die ruhige Horizontale. Die Gründe bauen sich übereinander[1]) auf, sind nicht ineinander geschoben, so daſs eine diagonale Trennungslinie entstehen würde, wie in der späteren Landschaftskomposition.

Soweit ist der Charakter der altniederländischen Landschaft von der nach künstlerischen Gesichtspunkten stilisierten Terraingestaltung bedingt, während die Vegetation meist naturalistisch ge-

[1]) Die Grundfläche in richtiger Verjüngung mit Hilfe des Augen- und Distanzpunktes zu entwerfen, haben erst die oberitalienischen Theoretiker gelehrt. Die empirischen Versuche der Niederländer auf dem Gebiet der Perspektive sind sehr ungleich. Erst 1549 erschien in Antwerpen Peter Koeks van Aelst': »De pictura et perspectiva«, eine erweiterte Übersetzung von Serlios Regole generali d'architectura.

bildet, oft durch kleinliche Ausführlichkeit bei selten überwundenem Mifsverhältnis zur Gesamtkomposition stört[1]). Im Detail der Vegetation namentlich zeigen sich die Flandrer durchaus als Miniaturmaler, und von einer breiteren malerischen Behandlung der Vegetationsmassen ist nicht die Rede, ebensowenig, wie von einer Charakterisierung der Landschaft durch sommerliche oder herbstliche Laubfärbung. Die Reize der vegetationslosen Winterlandschaft sind den Tafelmalern dieser Periode noch so gut wie unbekannt[2]). Die gleichmäfsige Frühlingsstimmung der Landschaften ist kaum beabsichtigt, liegt vielmehr in der dem flandrischen Meister geläufigen Farbenskala und der eintönigen scharfen Beleuchtung. Für die Darstellung der Luft und ihrer den Charakter der Landschaft bestimmenden Erscheinungen sind hauptsächlich die Maler holländischer Abkunft befähigt, obwohl es auch keinem der andern Künstler an Kenntnis der Luftperspektive völlig fehlt.

Fafst man den Gesamteindruck zusammen, welchen ein altniederländischer Landschaftshintergrund auf das moderne Auge ausübt, so dürfte das Befremdende, das kein unbefangen Urteilender diesem Eindruck absprechen kann, hauptsächlich in dem Fehlen malerischer Einheitlichkeit und Abgeschlossenheit, was wir Modernen landschaftliche Stimmung nennen, zu suchen sein. Es bleibt ein Rest von Konstruiertem, Schematischem, welches unserm Gefühl persönlicher Naturauffassung in der Malerei durchaus widerspricht. Mag der Künstler des XV. Jahrhunderts auch der Natur mit ähnlich sentimentalem Gefühl gegenüber gestanden haben — es finden sich Spuren solcher Sentimentalität in der Litteratur der Mystiker bereits im XIV. Jahrhundert[3]) —, so fehlte ihm doch die Fähigkeit, solche Gefühle im Kunstwerk zum Ausdruck zu bringen.

---

[1]) Riehl, Kulturstudien aus drei Jahrhunderten p. 68, drückt dies drastisch so aus: »Die landschaftliche Scenerie van Eycks und seiner Schüler ist nicht selten gemalt, als ob der Künstler die Hintergründe durch ein Perspektiv und den Vordergrund unter einem Vergröfserungsglas beobachtet hätte.«

[2]) Eine Ausnahme bildet Gerard Davids Altarwerk zu Evora in Portugal, auf dem »kahle Winteransichten« vorkommen. cf. Justi, Ztschr. f. b. K. 1886 p. 136.

[3]) Für Italien vgl. Burckhardt, Kultur der Ren. i. Italien II, Kap. X, 3: Die Entdeckung der landschaftlichen Schönheit.

Wenn wir den Unterschied zwischen altniederländischer Landschaftsmalerei und moderner kurz ausdrücken wollen, dürfen wir vielleicht sagen: Was der flandrische Maler aus formalen Rücksichten im Aufbau der Landschaft stilisiert, idealisiert der moderne Künstler in der Stimmung.

Kölnische Schule.

Wie wir bereits oben zu schildern versuchten, hatte sich auch in der deutschen Malerei am Ausgang des XIV. und zu Beginn des XV. Jahrhunderts ein entschiedenes Streben nach Realismus geltend gemacht, und auch die Keime landschaftlicher Darstellung zeigten sich bereits hie und da vor dem Eindringen des flandrischen Einflusses.

Die Anfänge der kölnischen Schule des Meisters Wilhelm auf dem Gebiet landschaftlicher Darstellung fanden allerdings in der um Stephan Lochner gruppierten Schule keine rechte Nachfolge. Lochner selbst zeigt sich zwar in der Ausführung der Vegetation des Vordergrundes sehr gewissenhaft und gewandt[1]), auf die Ausbildung eines räumlich vertieften Hintergrundes leistet er aber Verzicht.

Eine Serie von Darstellungen der Ursulalegende aus seiner Schule (Köln, Mus. 132—146) steht entschieden schon unter niederländischem Einflufs, zeigt aber in den landschaftlichen Gründen, an deren Stelle meist historische Architektur tritt, eine unbeholfene und nüchterne Behandlung. Über die Bauten des Mittelgrundes ragen nur vereinzelte Bergspitzen herüber, die Bäume sind zwar sauber, aber verständnislos ausgeführt. Von einer landschaftlichen Komposition im Sinne der niederländischen Schule vollends ist noch keine Rede.

Der Einflufs der flandrischen Schule zeigt sich natürlich zunächst in den deutschen Nachbarprovinzen, also am Niederrhein. Freilich wäre es ein grober Irrtum, anzunehmen, dafs sich die

---

[1]) Besonders die schon in der älteren Kölner Schule beliebte Darstellung der Madonna im Rosenhag bot dazu Gelegenheit. Vgl. die Bilder Lochners im Rathause zu Solothurn, im Kölner Museum Nr. 118 und dessen Replik in der Münchener Pinakothek Nr. 5.

Wandlung plötzlich vollzieht; es dauert vielmehr Jahrzehnte, ehe die deutschen Handwerker in das Verständnis der von ihren feiner gebildeten Nachbarn geschaffenen Kompositionsweise eindringen, und jenes zarte Naturgefühl, welches die Flandrer auszeichnet, erschliefst sich den derberen Deutschen erst ganz allmählich.

Vergleicht man z. B. die landschaftlichen Hintergründe der lyversbergischen Passion, deren Meister (2. Hälfte des XV. Jahrhunderts) sicher mit dem gleichzeitigen Dierik Bouts in enger künstlerischer Verbindung stand[1]), mit denen seines niederländischen Vorbildes, so wird man sich des gewaltigen Unterschiedes sofort bewufst. Meist nur ein schmaler, nicht abgetönter Wiesengrund mit einigen Bauten, Gehöften u. ä. dient der flächenhaft in den Vordergrund gestellten Figurenkomposition als Folie. Freilich betrachtet die neueste Forschung diese Passionsbilder nicht als eigenhändige, sondern nur als Schulbilder des Meisters, der ihnen seine Benennung verdankt, und in der That zeigen einzelne Originale von seiner Hand, wie der Crucifixus in Augsburg[2]), das Triptychon in Cues[3]) und der Kreuzaltar im Kölner Museum (Nr. 159—161) bereits eine entwickeltere Landschaft. Eine Tönung der Gründe ist nach dem Vorbilde von Bouts versucht; der Vordergrund ist dunkelgrün gehalten, der Mittelgrund gelbgrün, mit Felsen, Wegen und Bäumen belebt, der Hintergrund in ein durch weifse Lichter erhelltes Blaugrün getaucht. Der Christus am Kreuze (Köln, Mus. 165) zeigt auch eine ganz gute Luftstimmung. So nennt Scheibler[4]) auch eine Heimsuchung der Sammlung Clavé in Köln landschaftlich bedeutend, während die Münchener Werke des Meisters[5]) auch in landschaftlicher Beziehung den Passionsbildern näher stehen.

Unter den anderen Werken anonymer spätkölnischer Meister

---

[1]) Auch Einzelheiten der Landschaft, wie der Baumschlag, lassen auf diese Verbindung schliefsen. cf. L. Scheibler, Die hervorragendsten anonymen Meister und Werke der Kölner Malerschule von 1460—1500. Bonn 1880. p. 18.

[2]) Scheibler, a. a. O. p. 18.

[3]) Ebda. p. 29.

[4]) Ebda. p. 32.

[5]) Katalog Nr. 22 u. 27.

sei die Glorifikation Mariae (Köln, Mus. 182) wegen ihrer von Scheibler[1]) mit Unrecht geringschätzig beurteilten landschaftlichen Komposition hervorgehoben: den Vordergrund nehmen dunkelgrüne Wiesen ein, in der Mitte öffnet sich zwischen kühnen Felsen der Blick in eine liebevoll ausgeführte Thallandschaft mit waldigen Flufsufern und einer Stadt. Auch die Luftperspektive hat der Künstler bereits ziemlich gut wiedergegeben, wie auch der Meister des h. Severin, namentlich in seinen späteren Werken einen feinen Luftton für die Ferne zu verwenden weifs.

Die anderen niederrheinischen Schulen am Ende des XV. Jahrhunderts haben die flandrischen Einflüsse noch weniger verarbeitet, als die kölnische. So zeigt eine Kreuzigung der Soester Schule (ca. 1470—1500) in der Berliner Galerie (No. 1222) bei einer gewissen Vorliebe für landschaftliches Detail noch völlig verständnislose Anordnung. Den Vordergrund füllt die lebhaft bewegte Handlung; auf einem phantastisch überhangenden Felsgipfel des Mittelgrundes Architektur; ein Flufs kommt aus den in ruhigen Linien den Horizont abschliefsenden blaugrünen Bergen und ist im Vordergrunde durch Enten und Fische in naiver Weise belebt. Einzelheiten, wie diese, oder beispielsweise die Wagenspur auf dem geschlängelten Wege des Mittelgrundes, sind sauber und gewissenhaft, aber von einem ordnenden Blick für das Gesamtbild der Landschaft ist nichts wahrzunehmen. Nüchtern im einzelnen, regellos in der Anordnung sehen wir hier niederländische Motive verwertet. Und dieses Urteil trifft mit wenigen Ausnahmen die meisten niederdeutschen Nachtreter der flandrischen Meister. »Die Aufgabe, nach einem fremden Muster die eigne Weise umzuwandeln und dennoch Einheit und Harmonie zu wahren, blieb für sie zu schwierig[2]).«

Der deutsche und niederländische Kupferstich des XV. Jahrhunderts.

Durfte man bei den niederrheinischen Schulen auf einen direkten Verkehr der deutschen Künstler in niederländischen Werkstätten schliefsen, so können wir den Weg, auf dem niederländische Einflüsse auch in die oberrheinischen und oberdeutschen Schulen ge-

---

1) a. a. O. p. 44.

2) Crowe u. Cav. ed. Springer p. 401.

drungen, nicht mit voller Sicherheit bestimmen. Als ein nicht unbedeutendes Vehikel zur Vermittlung fremder Kunsteinflüsse dürfen wir die Werke des in jener Zeit sich ausbreitenden Kunstdruckes betrachten. Die handwerksmäfsigen Leistungen, namentlich des Holzschnittes, welche auch in späteren Epochen von der künstlerischen Entwicklung unberührt bleiben, können dabei natürlich nicht in Betracht kommen. Wenn sich auch im niederländischen Holzschnitt seit der zweiten Hälfte des XV. Jahrhunderts »Anklänge an die in der Malerei herrschende Weise« [1]) nicht verkennen lassen, so ist doch von einer bewufsten Anlehnung an die Vorbilder der Tafelmalerei nur bei den Kupferstechern der Periode die Rede, da diese allein durch ihre künstlerische Bildung dazu befähigt waren. Freilich müssen wir uns von vornherein klar machen, welche Grenzen die noch unentwickelte Technik ihren Meistern gerade in Bezug auf landschaftliche Darstellung zog. Diese erleidet durch den Verzicht auf Farbenreiz namentlich in den Hintergrundsfernen starke Einbufse, und mit Recht rühmt Rivius in seiner deutschen Übersetzung des Vitruv (1548) die Meisterschaft Dürers, welche solche Schwierigkeiten zu überwinden verstand, als gewaltiges Wunder [2]). Auch erschwert die nur zeichnende Technik eine kräftige Gliederung und Abhebung der landschaftlichen Massen.

Die ältesten deutschen Kupferstecher, wie der wahrscheinlich oberdeutsche Meister vom Jahre 1446 und der niederrheinische Meister von 1464 (maître aux banderolles) zeigen sich in der Behandlung des landschaftlichen Hintergrundes noch völlig ungeschickt. Namentlich dem letztgenannten fehlt es an Naturanschauung und Sinn für Raumverhältnisse. Als ein Beispiel seiner kindischen Unbeholfenheit sei nur das Blatt (Passavant Nr. 5) »Samson mit dem Löwen« hervorgehoben. Im Vordergrunde sitzt Dalila auf einer Böschung, darüber erhebt sich auf einem merkwürdig ausgezackten Stufenabsatz ein mächtiger Fels von krystallischer Formation. Innerhalb der Felswand ist ein Wald durch einzelne Vertikalstriche, auf denen flockige kleine Laubkronen sitzen, angedeutet.

---

[1]) Crowe u. Cav. ed. Springer p. 392.

[2]) s. Springer, Bilder aus der neueren Kunstgesch. p. 175.

In diesem „Walde" soll Samson mit dem Löwen ringend dargestellt werden, in der That aber scheint seine Gestalt in der Luft vor dem Walde zu schweben, dessen Bäume ungefähr die Höhe seiner Handspanne haben. Es ist unglaublich, wie ein Künstler, der im Figürlichen den Ansprüchen seiner Zeit durchaus gerecht wird, in der landschaftlichen Darstellung seinem Publikum derartige Monstrositäten zumuten durfte. Erklärlich erscheint dieser Widerspruch nur dadurch, dafs die in der Goldschmiedekunst geschulten Kupferstecher dieser Zeit für die Darstellung des Figürlichen eine Vorbildung besafsen, welche ihnen für die Landschaft durchaus fehlte. Gleichwohl überrascht eine solche Naivität bei einem Stecher, welcher wahrscheinlich Italien gekannt hat, wie man von dem maître aux banderolles aus Reminiscenzen an südliche Vegetationsformen in einem Stich (Passav. 15) geschlossen hat.

Zwei charakteristische landschaftliche Typen finden wir bereits in diesen rohen Versuchen, die in den Landschaften des deutschen Kupferstichs und Holzschnittes noch lange ihre Rolle spielen: die phantastisch zersplitterte Felsform und den dürren vielverästelten Baum. Der Kupferstecher benutzte augenscheinlich diese beiden zeichnerisch sehr ergiebigen Motive, um das seinen Landschaften fehlende Farbenleben einigermafsen durch solche Linienspiele zu ersetzen. Immer wieder kehrt der dürre Baum auch in Darstellungen wieder, in denen er durchaus nicht motiviert erscheint, und noch Dürer kann sich dieses alten Requisits für seine Landschaften nicht entschlagen.

Höher stehen bereits die stecherischen Leistungen des Meisters E. S., an dessen westdeutschem Ursprung man trotz neuerer Vermutungen wird festhalten müssen, und dessen Wirken man durch die Jahre 1458—1470 begrenzen darf. Eine Kenntnis der Werke Rogers van der Weyden ist entschieden bei diesem Künstler vorauszusetzen, da er dessen Middelburger Altarwerk die Komposition der tiburtinischen Sibylle (B. 8) — charakteristischer Weise mit vereinfachter Landschaft — entlehnte. Neben vielen unbedeutenden, im Landschaftlichen archaisch steifen Kupferstichen des Meisters E. S. stehen einzelne Blätter, welche bereits ein entwickeltes Raumgefühl und Sinn für landschaftliche Komposition verraten. So ist namentlich der heilige Georg (B. 78), der übrigens fast immer von den altdeutschen Meistern, ähnlich, wie die Flucht nach Ägypten und der h. Christophorus durch reichere landschaftliche Umgebung gleichsam attributiv ausgezeichnet wird, hier hervorzuheben. Der Vordergrund, in welchem der ritterliche Kämpe den Drachen bezwingt, ist steinig, hier und da mit derben Blattpflanzen geschmückt, rechts und links zwei Bäume, von denen der linke noch die archaisch grofsblättrige Krone zeigt, während der Baumschlag der anderen in der dem Meister eigentümlichen Punktiermanier ausgeführt und von einem zartgegliederten Kontur umrissen ist. Von dem Vordergrunde durch ein flockiges Gebüsch getrennt, erhebt sich rings von einem Flufs umströmt links der Burgfels mit dem Schlofs des Königspaares, durch einen dürren und einen belaubten Baum belebt. Die Hoflinde und das Storchnest auf dem Dache hat der Künstler nicht vergessen. Im Hintergrunde rechts springt das Flufsufer mit reicher Burgarchitektur vor. Bergkonturen schliefsen das landschaftlich nicht unbedeutende Bild ab. Auch in dem Johannes auf Patmos (Pass. 165) finden wir eine technisch sehr subtile Behandlung der Landschaft: Der Durchblick zwischen zerklüfteten Felsmassen auf das durch Inseln und Schiffe belebte Meer ist der Rundform des Bildes sehr geschickt angepafst. Eine andere 1467 datierte Darstellung desselben Gegenstandes und von demselben Meister (signiert E. S. 1467 Berl. Kupferstichkab.) zeigt noch bedenkliche Mängel in der Perspektive.

Auch für die Details der landschaftlichen Umgebung im Vegetations- und Tierleben zeigt sich der Meister nicht unbegabt (vgl. besonders B. 1 u. 3 Pass. 128) und erinnert in der Vorliebe für dieselben an die niederländische Schule[1]), während wir in der Gesamtanlage der landschaftlichen Komposition, die oft genug noch recht unüberlegt ist, von einer solchen Anlehnung nichts verspüren.

Heben wir aus der Umgebung des Meisters E. S. noch den

---

[1]) Besonders eine Baumform finden wir in seinen Stichen wieder, die der niederländischen Schule eigentümlich ist: Ein schlanker Stamm steigt zu der kleinen Krone empor, unter deren Ansatz ihn noch zwei oder mehrere kleinere Blattkränze umstehen.

Meister der Sibylle (Pass. II, p. 68, 1.), einen anonymen Stecher (Pass. II, p. 236, 171), ferner die Stiche Pass. II, p. 175, 1. 230, 142, 217, 56 hervor, so ist die Reihe der von Schongauer noch nicht beeinflufsten deutschen Kupferstecher des XII. Jahrhunderts, welche die räumliche Ausbildung des Hintergrundes mit mehr oder weniger Geschick anbahnten, geschlossen.

Um weniges reicher ist die Ausbeute unter den niederländischen Kupferstichen des XV. Jahrhunderts, von denen dem Verfasser nur die von Kaiser publizierten des Amsterdamer Museums[1]) vorgelegen haben, nach deren Nummernfolge auch im folgenden zitiert wird. Eine Art der Hintergrundsordnung, die auch Dürer noch mit Vorliebe für seine Madonnenstiche verwendet, zeigt der anonyme niederländische Kupferstich (Kaiser Nr. 12), wo der Künstler der Schwierigkeit, den Mittelgrund auszuführen, sich dadurch entzieht, dafs er den reich mit Blumen geschmückten Vordergrund durch eine Brüstung abschliefst, über der nur noch der mit Architektur und Gewässer belebte Hintergrund sichtbar wird. Ob diese Anordnung wirklich auf die Scheu vor breiterer Ausführung des Mittelgrundes allein zurückzuführen ist, oder nicht vielmehr aus den Rosenhagdarstellungen sich entwickelt hat, mag dahingestellt bleiben, jedenfalls blieb sie für Darstellungen der Madonna im Freien noch lange beliebt. Am weitesten fortgeschritten in der landschaftlichen Ausstattung ist eine Jagdscene eines anonymen Meisters (Kaiser 23), und zwar fällt der vedutenhafte Charakter der Landschaft, die Kaiser an die Umgebung Haarlems erinnert, auf. Ein Dünenterrain mit spärlichem Baumwuchs, der bei ziemlich mifsratenen Proportionen in den Details des Geästes und der Stämme deutlich die Lust an naturalistischen Bildungen verrät, bildet den geschlossenen Vorder- und Mittelgrund, während an dem tiefgelegten Horizonte links die Türme einer Stadt (Haarlem?) auftauchen. Der holländische Charakter ist auch in den Darstellungsmitteln unverkennbar. Sicher auch holländischer Abstammung ist der Meister der Gegenstände des Boccaccio[2]),

[1]) J. W. Kaiser, curiosités du Musée d'Amsterdam; facsimilés d'estampes des maîtres inconnus du XVe siècle. Utrecht.

[2]) s. Sotzmann im deutschen Kunstblatt 1851 und Passavant, P.-G. II, 272.

in dessen einer Landschaft (Pass. 6) wir zum erstenmal, wenngleich kaum mit bewufster künstlerischer Absicht, das Princip der Diagonalteilung auftreten sehen. Weniger Raumsinn und Beobachtungsgabe bei gleicher Vorliebe für Details verrät der Meister der Liebesgärten (Pass. II, p. 253), der zu einer landschaftlichen Scenerie durch die Darstellung des grofsen Liebesgartens gezwungen, völlig regellos und unbeholfen verfährt.

Martin Schongauer und die oberdeutschen Meister.

Derjenige Meister, welchem die eigentliche Vermittlerrolle zwischen den Niederlanden und Oberdeutschland zufiel, war Martin Schongauer (ca. 1450—1488), ein Künstler, welcher auch in der landschaftlichen Darstellung seine deutschen Zeitgenossen weit überragt. Sein Verhältnis zur niederländischen Schule geht aus seinen Werken klarer, als aus jener bekannten Briefstelle des Lambert Lombard[1]) hervor. Denn seine persönliche Schülerschaft bei Roger van der Weyden, wie sie Lombard andeutet, ist mit Recht wegen chronologischer Bedenken bestritten worden, während eine Bekanntschaft mit den Werken des Brüssler Malers notwendig vorausgesetzt werden mufs.

Schongauer ist der erste deutsche Künstler, von dem sich Gemälde und zugleich Kupferstiche erhalten haben; mit Recht legt man aber bei der kunsthistorischen Würdigung des Meisters den Hauptnachdruck auf seine stecherische Thätigkeit, zumal die Authenticität vieler unter seinem Namen bekannter Bilder eine strittige ist. Unter den 115 Stichen seines Werkes, die man chronologisch zu gruppieren versucht hat[2]), verraten bereits die frühesten neben der Abhängigkeit vom Meister E. S. den Einflufs Rogers, wenngleich sie im Landschaftlichen durchaus hinter den Werken des Brabanter Meisters zurückstehen. Flüchtig ist die hügelige Landschaft behandelt, in die wir aus der Ruine bei der Geburt Christi (B. 4) hinausblicken. Knapp ist auch der Fernblick in eine Berglandschaft auf der Anbetung der drei Könige (B. 6).

---

1) Gaye, carteggio III, p. 175.

2) Die letzte Anordnung von W. v. Seidlitz, Rep. f. Kw. 1884. p. 170 ff. liegt unserer Betrachtung zu Grunde.

Ein Hauptblatt Schongauers, die grofse Kreuztragung (B. 21), setzt v. Seidlitz auf Grund technischer Erwägungen an die Grenze der ersten Entwicklungsperiode des Künstlers. Dasselbe zeigt sich indes sowohl in der Komposition als auch im Landschaftlichen den früheren und auch den meisten späteren Stichen Schongauers so bedeutend überlegen, dafs man geneigt ist, der Ansicht Galichons[1]) beizupflichten, welcher den Stich an das Ende der Entwicklung des Meisters rückt. Gerade einzelne Feinheiten in der Landschaft lassen sich erst auf einer höheren Stufe künstlerischer Entwicklung zwanglos erklären. Wie fein sind z. B. die krausen Felsmassen des Mittelgrundes links gegen die lichte Fernsicht des Hintergrundes mit ihren Berglinien und geschickt angeordneten Architekturen abgewogen. Auch die Verteilung der Lichtmassen verrät eine Sicherheit in der Beherrschung eines für den Kupferstich noch neuen Problems, die wir einem jugendlich schwankenden Künstler nicht zutrauen können. Und ein solches Schwanken müfsten wir annehmen, wenn wir neben dies vollendete Meisterwerk eine weit schwächere Leistung, wie die Jakobsschlacht (B. 53), als gleichzeitig stellen. Der Künstler, welcher eine Felsenpartie, wie die der Kreuztragung, zu entwerfen imstande war, hätte den Felsenengpafs der Jakobsschlacht unvergleichlich besser dargestellt.

In der Passionsfolge, welche Scheibler[2]) einer dritten Periode künstlerischer Entwicklung zuerteilt (B. 9—20), finden wir keine breiter ausgeführten Landschaftshintergründe. Diese Erscheinung wiederholt sich bei den meisten Passionscyklen des deutschen Kupferstichs und läfst sich zwiefach erklären. Der Stoff der Darstellung erheischt eine Konzentration der ethischen und dramatischen Elemente, und zur Hebung vorwiegend dramatischer Vorgänge eignete sich die Landschaft, wie sie die deutschen Meister dieser Periode allein kannten und beherrschten, nicht. (Man könnte allerdings Schongauers Kreuztragung als den ersten Versuch in dieser Richtung ansehen, indem die Licht- und Felsbehandlung hier einigermafsen zu dem Vorgang gestimmt ist, indes dürfte es schwer sein,

---

[1]) Gaz. d b.-a. 1859.

[2]) Rep. f. Kw. 1884. p. 36.

die bewufste Absicht des Künstlers hierin nachzuweisen.) Zweitens verfügten die dramatischen Spiele, welche das Vorbild für die Passionsbilder abgaben, über keinen grofsen scenischen Apparat und hatten wohl auch auf die gedrängte Gruppierung der Komposition im Vordergrunde Einflufs[1]).

So erklärt sich denn auch in Schongauers Passion die Beschränkung des landschaftlichen Beiwerks, aus dem wir nur die vorzügliche Ausführung des unbelaubten Baumes mit seinen unzähligen Verästelungen als Fortschritt gegen die Leistungen des Meisters E. S. hervorheben wollen, dessen kahle Bäume eher an ein Hirschgeweih als an einen Pflanzenorganismus erinnern. Dafs Schongauer sein Auge für die Einzelformen der vegetabilischen Natur geschärft hatte, beweist seine »Flucht nach Ägypten« (B. 7), eine Komposition, deren Vegetationsformen südländischen Charakter tragen. Auf welchem Wege Schongauer diese Formen vermittelt worden sind, läfst sich kaum mit Sicherheit feststellen. Die Hypothese einer italienischen Reise des deutschen Meisters allein auf diese Argumente zu gründen, scheint gewagt. Die Bilder niederländischer Künstler, welche in Italien gewesen waren, oder die in jener Zeit nicht seltenen Pflanzenbücher[2]) könnten ebensowohl das Vorbild abgegeben haben, falls nicht auch italienische Stiche, mit denen diejenigen Schongauers eine gewisse Berührung haben, von ihm benutzt wurden. Die Palmenform ist bei aller Natürlichkeit in der Gesamtanlage im einzelnen doch soweit stilisiert, dass wir nicht genötigt sind, Naturstudien Schongauers im Süden anzunehmen. Der Papagei wird auch wohl kaum zur Vervollständigung der südländischen Scenerie hinzugesetzt worden sein, zumal er mit Hirsch

---

[1]) cf. auch Springer, H. Holbein d. ä. Passionsbilder in Donaueschingen.

[2]) Vgl. p. 40 Anm. 1 und bes. die botanisch genaue Beschreibung der Palmen von Barcelona bei Leo von Rozmidal a. a. O. p. 111. Könnte nicht durch Illustrationen solcher Reisebeschreibungen der deutsche Künstler belehrt worden sein? Vgl. auch die botanischen Abbildungen in dem »buch der natur . . . welches meister Cunrad v. Megenberg von latein in deutsch transferiret.« Augsburg 1475. (Bibl. d. germ. Mus. 4339) und den ebenfalls mit Holzschnittillustrationen versehenen Herbarius von 1484 (Bibl. d. germ. Mus. 2348), u. d. 1480 bei Joh. Th. de Lignamine in Rom gedruckte Herbarium Apuleji Platonici. Hain, Rep. bibl. 1322.

und Eidechse[1]) das Feld teilt. Den südländischen Charakter der Gebäulichkeiten des Hintergrundes[2]) schliefslich vermag ich nicht zu erkennen. Als landschaftliche Komposition betrachtet fehlt es der Flucht nach Ägypten noch an rechter räumlicher Tiefe, welche den Landschaften Schongauers und der oberdeutschen Maler vor Dürer überhaupt mangelt. So auch dem kurzen Prospekt in Schongauers Anbetung der Könige (B. 6), der zugleich als ein charakteristisches Beispiel für die Felsbehandlung des oberdeutschen Meisters angeführt sein mag. Auch die Niederländer stilisierten Berg- und Felsmassen, aber niemals in so absonderlicher und phantastischer Weise, wie die Oberdeutschen. Die heimatliche Umgebung mit ihren zackigen Bergspitzen mag auf die Phantasie der letzteren gewifs grofsen Einflufs gehabt haben, indes verdient auch noch ein anderes Moment einige Aufmerksamkeit, nämlich: die Schulung der oberdeutschen Maler durch den Kupferstich, dessen Technik der scharfkantigen und krausgezackten Felsbehandlung Vorschub leistete. Es ist überhaupt das Betonen des zeichnerischen Elementes in der Landschaft gegenüber dem malerischen, was die oberdeutschen Schulen von den niederländischen unterscheidet. Und so finden wir denn auch z. B. in dem Christus am Kreuz (B. 25), dessen Landschaft nach Wurzbach[3]) in auffälliger Weise niederländische Einflüsse zeigen soll, doch prinzipielle Abweichungen von niederländischer Kompositionsweise. Während der Niederländer die einzelnen Gründe in ruhigen Horizontallinien abschliefst, sehen wir Schongauer die Kompositionsmassen seitlich ineinanderschieben. Das Terrain des Vordergrundes steigt von links nach rechts an, während die den tiefgelegenen Mittelgrund links abschliefsenden Bergmassen sich nach rechts zum Meeresufer herabsenken; das reiche Linienspiel, welches dadurch entsteht, und seine überlegte Anwendung ist der niederländischen

---

[1]) Einzelne Tierdarstellungen aus dem Werke Schongauers, wie B. 95 u. 94, beweisen sein Interesse für derartige Gegenstände.

[2]) v. Seidlitz, Rep. f. Kw. 1884. p. 178.

[3]) v. Wurzbach, M. Schongauer. Wien 1880. p. 42.

Landschaft fremd, welche in ihre etwas eintönige Gliederung in Horizontallinien nur durch den Farbenwechsel Leben zu bringen versucht. Durch die oberdeutsche Art der Komposition kommt eine weit gröfsere Geschlossenheit in das Landschaftsbild. Der deutsche Maler giebt einen festbegrenzten Ausschnitt aus der Umgebung, während der Flandrer einen Überblick über dieselbe zu geben bestrebt ist.

Das Gefühl koloristischer Schwäche war es wohl, welches die deutschen Meister zurückhielt, in ihren Gemälden den Hintergrund so breit auszuführen, wie in ihren Stichen. So finden wir denn auch in Schongauers beglaubigten Gemälden meist Gold- oder Teppichhintergründe. Schon dieser Umstand hätte vor einer Identifikation Schongauers mit dem Meister des Bartholomaeus[1]) warnen müssen, welcher in seinen Gemälden bereits von den durch die späteren Niederländer errungenen Vorteilen für die landschaftliche Darstellung ausgiebigsten Gebrauch macht.

In der schwäbischen Schule hatten wir bereits am Schluss des XIV. Jahrhunderts die Ansätze zum Naturalismus in den landschaftlichen Hintergründen nachweisen können, und der Einflufs der flandrischen Schule, vielleicht durch die oberrheinische vermittelt, traf hier auf einen vorbereiteten Boden. So zeigt der Hochaltar der Kirche zu Tiefenbronn von Hans Schüchlin (1469) nach Harzens Urteil. entschiedene Anlehnung an Roger van der Weyden in den abwechslungsvollen landschaftlichen Hintergründen. Unbedeutender als sein Lehrer ist Bartholomäus Zeitblom, der selbst in seinem reifsten Werke dem landschaftlichen Beiwerk nur geringen Platz einräumt (Valentinslegende in Augsburg). Auch an dieser Stelle zeigt sich Zeitblom als derber Realist. Das Gedrungene und Rundliche seiner Berg- und Baumformen unterscheidet ihn von seinen oberdeutschen Zeitgenossen ebenso deutlich wie von den Niederländern. Die Rolle, welche Schongauer in der oberrheinischen Schule zufiel, vertritt für die schwäbische Friedrich Herlin; aber auch seine landschaftlichen Gründe, obwohl sie aus-

1) Wurzbach, a. a. O.

gebildeter sind, als die Zeitbloms, bleiben hinter den flandrischen Vorbildern zurück.

Auch die augsburger Schule, als deren würdigster Vertreter in dieser Zeit der ältere Holbein (ca. 1460—1524) gelten mufs, macht in dieser Hinsicht keine Ausnahme; die Anregungen Schongauers und der flandrischen Kunst sind bei Holbein in Bezug auf landschaftliche Darstellung kaum tiefgehend zu nennen. Den meisten Kompositionen haftet eine nüchterne Plumpheit an, und das Vorwiegen breiter und kahler Massen vervollständigt diesen Eindruck. Oft schieben sich hohe Felsgruppen in den Mittelgrund und schliessen die ohnehin nicht tiefe Landschaft ohne rechtes Leben ab. Die zahlreich verwendeten Architekturen sind meist schlicht und wenig ausgebildet, die Baumformen naturalistisch aber ohne künstlerisches Verständnis wiedergegeben. Die Landschaft erschien Holbein dem älteren recht eigentlich als Nebensache und Beiwerk. Diejenige Aufgabe, deren Lösung seine Stellung in der Kunstgeschichte bestimmt, ist auch weit eher die Wiedergabe des physiognomischen Lebens, und seine augsburger Porträtskizzen bezeugen, dass er sich diesen Studien mit weit gröfserem Erfolg widmete. Das Lob, welches Woltmann seinen Landschaften zu teil werden läfst, erscheint daher nicht gerechtfertigt.

In den vielen Lokalschulen Oberdeutschlands läfst sich ein Unterschied landschaftlicher Auffassung in dieser Periode in positivem Sinne kaum feststellen. Die meist geringe Ausdehnung des räumlichen Hintergrundes hängt oft auch von äufseren Umständen ab. Im allgemeinen macht schon die durch die Tradition plastischer Auffassung erklärte gröfsere Dimension der Gestalten ein Zusammendrängen derselben notwendig, so dafs die Figurenkomposition den Vordergrund vollständig füllt und selbst bei sehr hochgelegtem Horizont nur ein schmaler Bergstreifen zur Andeutung der Lokalität über den Köpfen derselben sichtbar wird. Eine frei gelöste, auf einem weiten landschaftlichen Grunde sich entwickelnde Komposition gehört zu den Seltenheiten (z. B. Herlins Nördlinger Altar).

Es ist nicht der transcendentale Idealismus der Deutschen, welcher für die Bedeutung landschaftlicher Naturschönheit kein Auge hatte, durch den man diese Erscheinung erklären könnte, vielmehr ist es das Gefühl technischer, vor allem koloristischer Schwäche und jener namentlich bei gröſseren Aufgaben stets eintretende handwerkliche Betrieb, der eine liebevolle Durchbildung der Landschaft, wie sie uns in der flandrischen Kunst entgegentrat, hinderte. Wir durften uns daher mit einem kurzen Überblick an dieser Stelle begnügen, weil selbst die hervorragenderen Meister — von den handwerksmäſsigen Durchschnittsleistungen ganz zu schweigen — meist unselbständig und unbedeutend in der landschaftlichen Darstellung, nur einen matten Reflex jenes gewaltigen Fortschrittes spüren lassen, der sich in den flandrischen Landen vollzogen hatte.

Albrecht Dürer.

Auch auf deutschem Boden muſste erst ein Künstler, wie Jan van Eyck den entscheidenden Schritt thun und durch seine mächtige Individualität, welche die Fesseln jeder Tradition durchbrach, seiner Zeit neue Bahnen künstlerischer Entwicklung eröffnen. Dies that Dürer. Es ist ein merkwürdiger Zufall, daſs uns in dem ersten deutschen Landschafter, den wir mit Recht so nennen dürfen, die erste künstlerische Persönlichkeit entgegentritt, deren Entwicklung wir in ihren einzelnen Phasen verfolgen können. Wir müssen unsere Aufmerksamkeit auf Dürers künstlerische Umgebung in seiner Lehrzeit richten, um für seine Leistungen einen historischen Maſsstab zu gewinnen. Michel Wolgemut, sein Lehrer, war und blieb ein Handwerker in seiner Kunst, wie seine Genossen in Schwaben und Franken, und der Versuch Thausings, den biederen Meister durch Identifizierung mit dem Kupferstecher W. auf eine höhere Staffel kunstgeschichtlichen Ruhmes zu stellen, ist nicht als glücklich zu bezeichnen. Thausing sucht die Bedeutung Wolgemuts hauptsächlich durch den Nachweis zu erhöhen, daſs er auf allen jenen Gebieten bahnbrechend gewesen sei, „auf welchen Dürer mit seinem Ruhm auch den seines Lehrmeisters geerntet hat". Hier steht nun die Landschaft obenan in der Reihe seiner Verdienste, und in der That nimmt in seinen Werken dieselbe oft mehr Raum und Interesse in Anspruch, als in den Bildern der anderen oberdeutschen Meister. Ob dies durch eine engere Beziehung zur niederländischen Schule zu erklären ist, bleibt zweifelhaft. Die Motive scheinen vielmehr meist der eigenen Umgebung entlehnt und sind oft ganz originell verwertet. Eifriges Einzelstudium verraten die im Vordergrunde der landschaftlichen Kompositionen verstreuten Pflanzen, die Thausing sogar botanisch zu bestimmen unternimmt. So unterscheidet er im Vordergrund des Hofer Altars (1465), eines Jugendbildes des Meisters, Ranunkel und Hauhechel, Himmelschlüssel und Borretsch, im Peringsdorfer Altar (ca. 1490) Klee, Akelei, Lilien, Zichorien und Glockenblümchen. Diese Ausführlichkeit in der Darstellung der Pflanzen ist durchaus kein Novum, und wollte man eine derartige botanische Statistik z. B. bei den Werken der kölnischen Schule durchführen, so dürfte man ein stattliches Herbarium zusammenstellen können, ohne doch damit den Nachweis geführt zu haben, dafs diese Schule landschaftlich bedeutende Werke geschaffen hat. Uns interessiert dieser Zug bei Wolgemut wohl hauptsächlich darum, weil wir ihn in den Pflanzenstudien seines Schülers (s. u. p. 89) wiederzufinden glauben. Ebenso ist man geneigt, die realistische Wiedergabe einzelner fränkischer Fachwerkbauten in den Landschaften Wolgemuts als Vorstufen zu Dürers Vedutenzeichnungen zu betrachten. Es soll ein gewissenhaftes Naturstudium und ein offener Blick für die Landschaft Wolgemut durchaus nicht bestritten werden, nur erklären seine nüchternen Leistungen den gewaltigen Fortschritt Dürers auf diesem Gebiet ebensowenig, wie etwa die Landschaftsgründe der burgundischen Miniaturen die Leistungen Jans van Eyck.

Vollends abweisen mufs man die Anschauung Thausings, dafs man in Wolgemuts Städteansichten in der Schedelschen Chronik „die Anfänge einer selbständigen Landschaftsmalerei“ zu sehen habe. Abgesehen davon, dafs bereits vor der Herausgabe dieser Chronik die Holzschnitte zu Breydenbachs Reise nach Jerusalem und Thoman Lyrers Chronik von Schwaben, die Thausing selbst anführt, sowie die älteren Bibeldrucke (z. B. die Augsburger deutsche Bibel von 1470)[1]) ganz ähnliche Behandlung des Landschaftlichen zeigen, liegt die Frage nahe, inwieweit diese Leistungen des Formschnittes

---

[1]) Muther, Bücherill. d. Gotik und Frührenaissance T. 3, vgl. auch die Holzschnitte bei Dutuit, manuel de l'amateur d'estampes I, pl. 24 und pl. 35.

überhaupt eine Bedeutung für die Entwicklung der Landschaftsmalerei haben können. Die graphischen Künste knüpfen an die fabrikmäfsige Illustrationstechnik des XV. Jahrhunderts an, „welche weiten Kreisen die Freude an bildlicher Darstellung erschlofs und damit den raschen Aufschwung der polygraphischen Gewerbe in der zweiten Hälfte des XV. Jahrhunderts schuf"[1]). Technisch entwickelt sich der Holzschnitt aus dem Zeugdruck und dies erklärt vielleicht mit das zähe Festhalten an der archaischen Stilisierung vegetabilischer Elemente, da das Kunstgewerbe sich bekanntlich von dem Bann der Tradition weit schwerer zu befreien vermag, als die Grofskunst. Und ein Gewerbe war der Formenschnitt geblieben bis in die Tage Wolgemuts. Man betrachte nur die Inkunabeln der Holzschneidekunst[2]) auf ihre landschaftlichen Beigaben hin. Es handelt sich fast ausschliefslich nur um eine fragmentarische Terrainangabe, meist in roher treppenartiger Abstufung mit unbeholfen stilisierter Vegetation. Der Horizont ist tief gelegt, wahrscheinlich um die Verwirrung der figürlichen und landschaftlichen Linien zu vermeiden.

Von den etwas weiter vorgeschrittenen Landschaftsdarstellungen in Holzschnitt, die wir bereits oben (p. 77) anführten, sei hier nur der Illustrationen zu Breydenbachs Reise nach Jerusalem[3]) eingehender Erwähnung gethan, weil sie uns beweisen, dafs Wolgemuts Städteansichten in Schedels Weltchronik weder isoliert noch bedeutend über dem Durchschnitt stehen. Die panoramatische An-

---

1) Lamprecht, Bildercyklen und Illustrationstechnik im späteren M. A. Rep. f. Kw. 1884. p. 412.

2) Wir heben hier aus der Publikation des germ. Museums »Holzschnitte d. XIV. u. XV. Jhdts.« Soldau, Nürnberg 1874, die nachfolgenden Nummern aus, welche landschaftliche Rudimente enthalten: 3 (1350—1370) 5 u. 6 (ca. 1370—1390) 8 (1380—1400) 12 (1400—1420) 21. 22 (1440—1450) 41. 47—50 (1450—1470) 53. 54. 56. 57 (1478) 59. 66. 94 (1470—1490) 91 (1470—1490) 96. 97. 98 (ca. 1480) 90 (ca. 1480).

Auf die verschiedenen meist durch die Holzschnitttechnik veranlafsten Fels- und Baumstilisierungen einzugehen, ist hier nicht der Platz.

3) Peregrinationes in montem Syon ad venerandum Christi sepulcrum in Jerusalem ect. ect. per Erhardum Reuwich de Trajecto inferiori impressum in civitate Moguntia a. s. 1486.

sicht von Venedig (fol. 2) ist ohne festen Augenpunkt aufgenommen, verrät aber deutlich die Kenntnis der einzelnen Bauten der Lagunenstadt. Die Berglinien des Hintergrundes sind nicht unlebendig, ja, man könnte vermuten, der Künstler habe durch die phantastischen Formationen links die Konturen der Euganeen andeuten wollen. Die Wolkenbildung ist bereits reich entwickelt, der Baumschlag dagegen noch primitiv. Auf dem vierten Holzschnitt (Modon auf Corfu) sehen wir einen mit realistischer Staffage belebten Hafenplatz. Schiffe werden gebaut, beladen, Pilger, Fischer, Kaufleute mit Saumtieren tummeln sich am Ufer. Ähnliche Staffage finden wir auch auf dem folgenden Bild, das Candia darstellt und auf der Ansicht von Rhodos. Bei alledem erkennt man, dafs dem Illustrator an nichts weniger gelegen war, als an einer landschaftlich abgeschlossenen Komposition, wie am deutlichsten die rohe landkartenartige Ansicht von Jerusalem beweist. Deutlichkeit war ihm die Hauptsache und, wenn er seine Skizzen, wie anzunehmen, wirklich auf der Reise machte, so lag ihm doch vor allem daran, die einzelnen wichtigsten Gebäude und Merkwürdigkeiten in aller Breite darzustellen, ohne für die landschaftlichen Reize der Gegend sonderliches Interesse zu zeigen. Und dieses Urteil trifft im wesentlichen auch die Holzschnitte der Weltchronik Hartmann Schedels. Landschaftlich interessant sind eigentlich nur die ersten Darstellungen der Schöpfungsgeschichte, bei denen insofern allerdings ein Fortschritt gegen die ältere Technik zu bemerken ist, als an die Stelle der früheren Konturzeichnung eine kräftig modellierende und mehr malerische Behandlung, namentlich der Felsen tritt. Auch die Baumformen sind besser verstanden als in früheren Werken (vgl. besonders den dürren Baum auf fol. 4 verso und die an Schongauers Palmen erinnernden ausländischen Bäume fol. 4 verso). Aber eine Verfeinerung des landschaftlichen Gefühls kann man darum doch nicht in diesen derben Arbeiten wahrnehmen. Vollends bedenklich aber erscheint es, mit Thausing die Städtebilder der Schedelschen Chronik als die Anfänge einer selbständigen Landschaftsmalerei zu bezeichnen. Die landschaftlichen Beigaben der verschiedenen Prospekte sind überaus dürftig und beschränken sich auf einige Felsen und wenige Bäume. Die Städteansichten selbst aber verraten wahrlich nichts von der

»Fähigkeit, in den Anblick der freien Natur sich zu vertiefen und die Reize der Landschaft im Bilde nachzuempfinden«[1]). Diejenigen Städte, aus denen man eine Reminiscenz an Selbstgeschautes herauslesen könnte, sind zu zählen[2]), und man darf auch diese nur mit der Ansicht Nürnbergs (fol. 100) vergleichen, um zu empfinden, wie ungenau der Künstler solche Eindrücke festzuhalten und wiederzugeben vermochte, während er die Einzelheiten seiner Vaterstadt, die er täglich vor Augen hatte, in behäbiger Breite schildert. Einzelne Wahrzeichen, auf die auch der Text aufmerksam macht, werden jeder Stadt gewissenhaft beigegeben, und damit ist der Deutlichkeit genug gethan. Aber, wie unwichtig auch diese dem Künstler gewesen, ergiebt sich aus der Naivität, mit der dieselben Holzschnitte für die verschiedensten Städteansichten benutzt werden. So sieht, um ein Beispiel anzuführen, Mainz nicht anders aus, als Neapel, Siena, Aquileja, Mantua und Lyon, ein Phantasieprospekt mufs für Trier, Padua, Metz, Marseille und Nicaea herhalten, und auch die Ähnlichkeit zwischen Lacedaemon, Genf und Mailand dürfte etwas stark übertrieben sein. Für viele Bilder, wie z. B. Venedig, Rom und Florenz haben augenscheinlich ältere Vorbilder vorgelegen.

Abgesehen von dieser äufserlichen Auffassung der gestellten Aufgabe zeigen die Bilder eine so rohe Perspektive und so wenig Sinn für landschaftliche Komposition, dafs ihre Bedeutung für die Entwicklung der Landschaftsmalerei ebenso entschieden in Abrede gestellt werden mufs, als etwa die Behauptung, dafs die Bildnisse berühmter Männer in Schedels Chronik irgend etwas mit der Geschichte der Porträtmalerei zu thun haben. Diese Art der Bücherillustration beweist nur, wie wenig noch das Kunstgewerbe jener Zeit die Errungenschaften der grofsen Kunst aufzunehmen und zu verwerten imstande war, selbst wenn Maler, wie Wolgemut, in die Entwicklung desselben mit eingriffen. Wie weit Wolgemut persönlich sich an der Ausführung der Illustrationen für Schedels

---

1) Thausing, Dürer I.[2] p. 69.

2) Augsburg, Regensburg, Ofen, Salzburg, Würzburg, Bamberg, Ulm, Passau, München, Constanz, Basel.

Chronik beteiligte, wissen wir nicht mit Bestimmtheit anzugeben. Ebenso wenig ist der persönliche Anteil an den meisten Werken, die seinen Namen tragen, immer mit der wünschenswerten Sicherheit zu bestimmen, zumal bei einem so »schwunghaften und darum oberflächlichen Betrieb«, wie er in Wolgemuts Werkstätte herrschte, die Leistungen ein so ungleiches und widerspruchsvolles Gepräge tragen, dafs man zu einem klaren Urteil über die künstlerische Bedeutung des Werkleiters nur schwer kommen kann. Was die landschaftlichen Gründe des Peringsdörfferschen Altars[1]) (ca. 1488) anlangt, welche zu den recht unbedeutenden des Hofer[2]) und Zwickauer Altares[3]) (1479) in vorteilhaftem Gegensatz stehen, so ist die Beteiligung Dürers, dessen Vorliebe und Geschick für landschaftliche Darstellungen wir aus gleichzeitigen Zeichnungen kennen, nicht ausgeschlossen, bedürfte jedoch noch eines auf genaue Untersuchung gegründeten Nachweises. Über den Anteil der Gesellen, insbesondere Schäuffelins, an dem Schwabacher Altar (1506) sind wir auch zu wenig unterrichtet, um die liebevoll behandelte Landschaft mit unumstöfslicher Sicherheit gerade Wolgemut zuzuschreiben[4]). Wenn eine Arbeitsteilung stattfand, so ist wohl eher wahrscheinlich, dafs die Ausführung des landschaftlichen Beiwerks den Schülern überlassen wurde, als dafs man ihnen einen gröfseren Anteil an der Figurenkomposition einräumte.

Dafs Dürer bereits in Wolgemuts Werkstatt (1486—1489) in landschaftlicher Darstellung eine Gewandtheit bewies, welche die seines Meisters überragte, zeigt uns eine Handzeichnung der Kunsthalle in Bremen vom Jahre 1489[5]), die man füglich eine landschaftliche Komposition nennen darf. In den Vordergrund schiebt sich

---

[1]) Nürnberg, Germ. Mus. 106—109.

[2]) München, Pinakothek. 22. 27. 39. 82. Hervorhebung verdient der Beleuchtungseffekt auf 39 (Auferstehung Christi), der mit dem Nachtstück im germ. Mus. 105 zu vergleichen ist.

[3]) s. Quandt, d. Gem. d. M. Wolgemut in der Marienkirche zu Zwickau.

[4]) Über eine Anbetung der Hirten (Tuschzeichnung im brit. Mus. s. Waagen, Treasures IV, 35) in reicher Landschaft ist auch noch keine Einigkeit erzielt, ob sie von Wolgemut oder Dürer herrührt.

[5]) Abgeb. bei Ephrussi, Durer et ses dessins p. 8.

links ein Fels von scharfen aber natürlichen Formen, dessen kümmerliche Vegetation mit sehr feiner Beobachtung wiedergegeben ist. Rechts verbindet ein ansteigender Bergpfad Vorder- und Mittelgrund. Die beiden seitlichen Coulissen umrahmen den Ausblick auf die Hügelkette des Hintergrundes, deren ruhige Konturen links von einer Burgarchitektur unterbrochen werden. Der Kavalier, welcher auf dem die Mitte des Blattes einnehmenden Wege in das Thal des Mittelgrundes hinabsprengt, streckt jauchzend seine Rechte empor, als bräche er in einen Jubelruf aus über das heitere Bild, das vor seinen Blicken sich aufrollt. Wir dürfen diese Gestalt mit Recht als Staffage bezeichnen, da ihre Haltung das Auge des Beschauers auf die Reize der landschaftlichen Komposition lenkt. Technisch bietet die anspruchslose Federzeichnung kaum etwas Neues; der Vordergrund ist eingehender behandelt als Mittel- und Hintergrund, nach dem bereits dem Zeichner der Schedelschen Chronik bekannten Princip, auf diese Art die der zeichnerischen Technik versagten Reize der Luftperspektive wenigstens anzudeuten. Auch die Geschlossenheit der Gesamtkomposition überrascht nicht gerade bei einem oberdeutschen Meister. Was dem unscheinbaren Blatte seine Bedeutung für unsere Untersuchung verleiht und uns berechtigt, es gewissermafsen als Motto an die Spitze der landschaftlichen Versuche Dürers zu stellen, ist der Umstand, dafs wir hier an einer ohne jeden Nebenzweck entworfenen Skizze aus der Jugendzeit des Meisters seinen liebevollen Blick für die Reize landschaftlicher Schönheit bereits kennen lernen.

Die Handzeichnungen bieten überhaupt für unsern Zweck das reichste und wertvollste Material. Die Mehrzahl der landschaftlichen Studien Dürers ist undatiert; gleichwohl ist die Forschung darüber einig, sie seiner Jugendperiode zuzuschreiben, da äufsere und innere Gründe eine solche frühe Entstehungszeit wahrscheinlich machen. Viele Veduten verdanken den Wanderfahrten des jugendlichen Künstlers ihren Ursprung; überdies ist es schon psychologisch erklärlich, dafs landschaftliche Reize auf eine jugendfrische, Natureindrücken unbefangen gegenüberstehende Phantasie unmittelbarer wirken, als auf den gereiften, zur Reflexion geneigten Mann, den wiederum theoretische Probleme und physiognomische Charakterstudien mehr interessierten.

Über die genauere Einreihung einzelner Landschaftsskizzen herrscht allerdings noch keine völlige Übereinstimmung, und die Entscheidung einer für Dürers Entwicklungsgeschichte nicht unwichtigen Frage (nach der ersten venetianischen Reise) hängt nicht zum geringsten Teil von der chronologischen Fixierung seiner oberitalienischen Landschaftsentwürfe ab. Durch die Annahme einer ersten venetianischen Reise um 1494 wird eine Anzahl technisch bereits hoch entwickelter Skizzen in eine verhältnismäfsig sehr frühe Epoche Dürers hinaufgerückt. Diese Erscheinung dürfte uns indes nicht überraschen, denn mit Recht hebt auch derjenige Forscher, welcher zuletzt Thausings Annahme einer ersten venetianischen Reise bestritten, Ephrussi, hervor: »d'autres sont arrivés à leur apogée par des efforts longtemps répétées, par des lentes et pénibles transformations, par d'incessantes modifications de leurs qualités natives; Durer a été lui-même prèsque dès les premiers jours.« Wenn überhaupt, so gilt dies Wort von Dürers Fähigkeit für landschaftliche Darstellung; und so hat auch der Anblick der südlichen Natur seine Auffassung in dieser Hinsicht nicht wesentlich beeinflufst. Mit derselben liebevollen Aufmerksamkeit fixiert er fesselnde Hochgebirgspartieen und südliche Städtebilder, wie einzelne idyllische Punkte seiner heimatlichen Umgebung. Freilich gewährt die »Bekanntschaft mit edleren und gröfseren Naturformen« nicht nur eine »Bereicherung des materiellen Substrates der Landschaftsmalerei«[1]), sondern sie regt überhaupt die Empfindung für landschaftliche Schönheit kräftiger an, und derart mag auch ihre Einwirkung auf Dürer gewesen sein.

Von den italienischen Künstlern konnte er ohnehin in landschaftlicher Darstellung wenig Neues lernen. Schon seit Rogers Aufenthalt in Italien war man dort von Bewunderung für die flandrischen Hintergründe (paesi ponentini) erfüllt gewesen, und begeistert schildert Ciriaco d'Ancona 1449 die »viventia prata, flores,

---

[1]) Humboldt, Kosmos II, 90.

arbores et frondigeros atque umbrosos colles« auf dem Triptychon des Roger im Besitz des Lionello d'Este in Ferrara, die den Eindruck hervorriefen, als hätte Mutter Natur selber sie geschaffen[1]). Derselbe Schriftsteller berichtet auch, dafs Angelo di Pietro aus Siena, den die Zeitgenossen als ihren Parrhasius priesen, sich dem flandrischen Meister und seiner Weise angeschlossen habe. Rechten Boden gewann der flandrische Einflufs indes erst, als Antonello da Messina der niederländischen Manier — sei es nun, dafs er dieselbe in den Niederlanden erlernt oder in seiner Heimat sich zu eigen gemacht habe[2]) —, gröfsere Verbreitung verschaffte. Mit der Öltechnik kam die breitere Ausführung der Hintergründe erst in Aufnahme und bald war es schwer, zwischen flandrischen und italienischen Arbeiten zu unterscheiden. Der Anonymus des Morelli schwankt 1529, ob er ein Bild, dessen natürliche, fein ausgebildete Landschaft er rühmend hervorhebt, dem Antonello da Messina, Hans Memling oder einem Jacometto Veneziano zuschreiben soll[3]).

Die landschaftlichen Vorzüge solcher Bilder sind jedenfalls auf niederländischen Einflufs zurückzuführen, und diesen hatte Dürer bereits in seiner Heimat durch Vermittelung seines Lehrers erfahren. So ist denn der Aufenthalt in der Umgebung italienischer Kunst für ihn lange nicht so bedeutungsvoll, als die Zeit der Wanderschaft selbst. Vier Jahre streifte Dürer herum (Ostern 1490 bis Pfingsten 1494), auf Italien fällt davon höchstens ein Jahr. Nach Westdeutschland wandte er sich zunächst; Strafsburg, Colmar und Basel sind uns als Etappen seiner Wanderung bekannt. Landschaftsskizzen, welche wir in der Nähe einer dieser Städte lokalisieren könnten, finden sich nicht. Dagegen weisen uns sieben Ansichten auf eine Alpenwanderung durch Tirol. Die Gebirgslandschaft der Albertina[4]), nur im Vordergrunde als Felsstudie ausgeführt, erinnert

---

[1]) Quin et ab ipsa omnipotente natura inibi genita diceres. Collucci, antichità Picene XV p. 143, abgedruckt bei Crowe u. Cav. a. a. O. p. 411.

[2]) Letztere Ansicht verteidigt der älteren gegenüber mit überzeugenden Gründen Lermolieff-Morelli in seinem Werk: Die Werke italienischer Meister i. d. Gal. ect. p. 420 ff.

[3]) Ausgabe 1800 p. 72, abgedr. bei Crowe u. Cav., p. 422.

[4]) Thausing, Dürer [2] I, 118.

in dem Motiv des zum Mittelgrunde hinabschreitenden Wanderers, der fröhlich staunend seine Rechte emporstreckt, an die Handzeichnung vom Jahre 1489 (s. p. 82), und darf als eine Studie gelten, die Dürer nach den Felsen des Tiroler Gebirges eilig auf der Wanderschaft hinwarf, wo für die Ausführung des Hintergrundes keine Zeit übrig blieb. (Die Ansicht von Innsbruck [Aquarell der Albertina photogr. v. Braun] zeigt in der Wolkenbehandlung und der mürben und flüchtigen Architektur Dürer fremde Züge, weshalb wir sie aus der Reihe unbezweifelter Handzeichnungen eliminieren, da auch der Schriftcharakter der Beischrift »Insprug« den Verdacht fremden Ursprunges nicht hebt.) Sicher von Dürers Hand ist dagegen die Ansicht von Trient (Aquarell der Bremer Kunsthalle), in Gesamtstimmung und Detail modern empfunden. Den Vordergrund nimmt der glatte Wasserspiegel der Etsch ein, den Mittelgrund die bräunlichen Häusermassen Trients, hinter denen sich die prächtig getönten Gipfel der Tridentiner Alpen erheben. Über das Ganze spannt sich ein tiefblauer italienischer Himmel. Dieser Skizze gegenüber empfindet man, dafs Dürer bei allem Realismus doch der erste Künstler war, der das kennen lernte und lehrte, was wir Modernen die »Poesie der Natur«[1]) nennen. Er erblickt die Reize der Landschaft mit scharfem Auge, aber bei ihrer Wiedergabe geht ein gewisses subjektives Element in sie über, welches auch bei der Vedute ebenso schwer zu verkennen wie zu definieren ist.

Die »Fenedicrklausen« gehört offenbar in diesen Zusammenhang; ebenso die Zeichnungen von Bergschlössern, welche Thausing a. a. O. I, p. 121 zusammenstellt, und denen Ephrussi[2]) noch ein Oxforder Aquarell, der »welsch Perg« und eine Gouacheskizze aus der Sammlung Gijoux hinzufügt. Als landschaftliche Komposition ist wohl das Aquarell der Bremer Kunsthalle von diesen das bedeutendste.

Dies sind diejenigen Landschaftsskizzen, deren Entstehung auf einer Alpenwanderung nicht zu bezweifeln ist; ob wir die letztere

---

[1]) Siehe die treffliche Definition bei Köstlin, Aesthetik p. 577.

[2]) a. a. O. p. 110.

mit Thausing in das Jahr 1494 oder mit Ephrussi in das Jahr 1506 setzen, sie lehren uns dasselbe, dafs der jugendliche Dürer einen offnen Blick und eine geschickte Hand für landschaftliche Darstellung besafs und beide Fähigkeiten, wo sich Gelegenheit dazu bot, auszunützen verstand. Dafs er indes nicht der besonderen Aufforderung und Veranlassung, wie sie landschaftliche Eindrücke auf einer Wanderfahrt bieten, bedurfte, lehren uns seine Studien und Skizzen, die er in seiner heimatlichen Umgebung entwarf. Wie anders weifs er die Reize Nürnbergs zu schildern, als sein Lehrer Wolgemut! Das Blatt mit der Ansicht von »Nornperg« in der Bremer Kunsthalle mit seiner meisterhaften Luftperspektive und seiner malerischen Behandlung zeigt so recht, wie es dem Künstler nicht sowohl um ausführliche Deutlichkeit in der Wiedergabe einzelner Bauten, als vielmehr um den malerischen Gesamteindruck des Stadtprospektes zu thun ist. Fesseln einzelne Gebäude sein Interesse, so widmet er ihnen eine eigene Studie, aber stets weifs er auch diese landschaftlich abzurunden. So die Johanneskirche (Aquarell in Bremen), die Weidenmühle (Kupferstichkab. in Paris), die Drahtziehmühle (Berliner Kupferstichkabinet), das Weiherhaus (British Museum) und der Trockensteg (Albertina), letztere wohl eine der frühesten Federzeichnungen landschaftlichen Gegenstandes[1]).

Mag in Einzelheiten, so in der Perspektive, die oft unter der ungünstigen Wahl des Augenpunktes leidet, sich noch der Anfänger verraten, das, was man »landschaftliches Auge« nennt, besafs Dürer jedenfalls schon in dieser Jugendperiode, und er war der erste Künstler, dem wir diese recht eigentlich moderne Fähigkeit zusprechen können. Aber mehr noch beweisen uns diese Nürnberger Ansichten. Es sind nicht die monumentalen Bauten der innern Stadt, welche seine Aufmerksamkeit vorwiegend fesseln und zu künstlerischer Wiedergabe anregen. Unbedeutende Gehöfte und Anlagen in der Umgebung reizen ihn zumeist. Äufsere Veranlassung zu diesen Aufgaben konnte er kaum haben, vielmehr

[1]) Eine eingehende Beschreibung all dieser Entwürfe s. bei Thausing u. Ephrussi. Die Hofansicht der Albertina (Braun 585 u. 586) möchten wir als apokryph aus der Reihe unbezweifelter Dürerzeichnungen ausscheiden.

war es ihm innerliches Bedürfnis, sich in die Poesie dieses oder jenes unscheinbaren Fleckchens Natur zu vertiefen, und, wenn er auch sorgfältig die Einzelheiten wiederzugeben strebt, so merkt man doch, dals nicht ängstliche Gewissenhaftigkeit, sondern intimes Verständnis für die Bedeutung des Einzelnen im Gesamtbild ihn dabei leitet. Freilich, wenn wir sehen, wie er dieselbe liebevolle Ausführung den Dachschindeln, wie den Baumkronen angedeihen läſst, könnte man glauben, daſs ihm der Sinn für den specifisch landschaftlichen Charakter solch eines Naturausschnittes noch mangele. Gebäude dürfen nicht in dem Landschaftsbilde fehlen; Menschenwerk erst macht die Natur darstellenswert. Dieser ästhetische Grundsatz, der noch lange Zeit dogmatische Geltung für den Landschafter behielt, hatte aber von den älteren Künstlern eine ganz andere Deutung erfahren. Monumentale, oft phantastische Bauanlagen schienen den älteren Niederländern allein würdig, der landschaftlichen Komposition als selbständige Glieder eingefügt zu werden. Dürer dagegen ist für die Reize einer Scheune, eines Stalles oder einer Mühle nicht unempfänglich, und der abblätternde Kalkbewurf einer Hütte ist der gleich liebevollen Ausführung sicher, wie die zinnengekrönten Mauern einer feudalen Burg[1]). Es bezeichnet dies eine Wandlung der künstlerischen Auffassung, deren volle Konsequenzen erst die späteren Landschafter ziehen sollten. Die Trennung zwischen heroischer und idyllischer Landschaft, wie sie dann unter italienischem Einflusse sich herausbildet, scheint bei Dürer gewissermaſsen schon im Keime vorgebildet. Seiner jugendlich heitern Naturauffassung lag natürlich eine bewuſste Scheidung beider Elemente noch fern, auch fehlen ihm für die eigentliche

---

[1]) Dass Dürer auch seinen Figurenkompositionen solche idyllische Umgebung zu geben sich nicht scheute, dafür sei hier vorgreifend nur der Kupferstich B. 28 »der verlorene Sohn« angeführt, dessen Hintergrund den Charakter einer Vedute trägt: Ein Hof, den verfallene Stallgebäude umgeben; rechts blickt ein Kirchengiebel über die Dächer. Aus den Mauerrissen der verfallenen Wirtschaftsgebäude schiesst Gestrüpp empor. Das Ganze trägt einen mehr städtischen Charakter, und die Stille und Abgeschlossenheit innerhalb einer vom alltäglichen Leben bewegten Umgebung paſst trefflich zu dem Gebet des verlorenen Sohnes. Schon Vasari hebt den Hintergrund hervor: »ed in questa (sc. carta) sono capanne ad uso di ville tedesche, bellissime.« Ed. Lemonnier IX, p. 261.

Stimmungsmalerei noch hier und da die künstlerischen Mittel. Aber unter welche Kategorie soll man solche Landschaftsbilder bringen, wie die Ansicht von Kalkreuth (Bremer Kunsthalle), den Steinbruch und die Felspartie derselben Sammlung, die Nadelholzpartie am Wasser im British Museum[1]), oder gar die Farbenskizze einer Thallandschaft im Berliner Kupferstichkabinett? Man ist wirklich versucht, mit Ephrussi von Impressionistenmanier zu sprechen, mit solcher Kühnheit sind die Farben dieser Skizze nebeneinandergestellt. Aus dem Dunkelgrün des waldigen Bergrückens, welcher rechts das breite Thal begrenzt, springen rotgelbe Kiesabhänge hervor; die sich in den Hintergrund vorschiebende Bergcoulisse ist dunkelblau getönt, während der den Horizont abschliefsende Bergzug in lichterem Blau gehalten ist. Lebhafte Schatten gliedern die Waldmassen, und die über die Thalsohle hin und wieder verstreuten Bäume und Dorfbauten nehmen auch dieser die Einförmigkeit. Merkwürdig ist, dafs hier, wie auch in mehreren sauberer ausgeführten Landschaftsskizzen der Himmel nicht angelegt ist. Die Sicherheit, mit der unser Künstler hier rein koloristisch landschaftliche Eindrücke fixiert, rechtfertigt allerdings Thausings Ausspruch: »Wenn es noch eines Beweises bedürfte, dafs Dürer ein Landschafter im modernen Sinne, dafs er es mit Bewufstsein und in grofsem Mafsstabe gewesen sei, diese Skizze könnte uns davon überzeugen.«

Ähnlich, wie sein grofser Zeitgenosse Lionardo, von dessen Einflüssen er sicher bei seiner italienischen Reise nicht unberührt geblieben ist, betrachtete Dürer die Malerei zugleich als eine Wissenschaft, »la quale con filosofica e sottile speculatione considera tutte le qualità delle forme: mare, siti, piante, animali, erbe, fiori, le quali sono cinti d'ombra e lume«[2]) und in diesem Sinne haben wir auch seine Detailstudien aufzufassen. Freilich bleibt ihm auch hier immer das künstlerische Feingefühl eigen, und er verbohrt sich nicht, wie Lionardo, in pflanzenphysiologische und naturwissenschaftliche Spekulationen, aber er befolgt jene Mahnung des grofsen

---

[1]) S. Waagen, Treasures of Art. I, 231.

[2]) Lionardo da Vinci, Das Buch von der Malerei übersetzt von H. Ludwig. Quellensch. f. Kg. XV, p. 18.

Florentiners, die dieser gewissermafsen zur Rechtfertigung in seine subtilen Untersuchungen über das Wachstum der Bäume einschiebt: »Adunque tu pittore, che non ai tali regole, per fugire il biasimo delle intendenti, sia uago di ritrare ogni tue cosa di naturale e non dispensare lo studio, come fanno li guadagnatori «[1]).

Als Dürer den Stich Adam und Eva (B. 1, 1504), dessen Gestalten mit seinen theoretischen Studien über die menschliche Proportion in unverkennbarem Zusammenhang stehen, vorbereitete, sehen wir ihn auf einem Skizzenblatt (im British Museum) neben den anatomischen Details, Arm- und Handstudien, mit gleicher Gewissenhaftigkeit die Felspartie des Hintergrundes und einen Baumzweig sorgsam studieren. Sicher lauschte er auch für diese Entwürfe der Natur alle kleinen Geheimnisse ab, und jenes landschaftliche Detail hat für ihn die gleiche Wichtigkeit, wie das anatomische[2]). Der gleichen Zeit (um 1504) dürfen wir Dürers zahlreiche Tier- und Pflanzenstudien zuweisen. Das berühmteste derselben ist unstreitig das Kaninchen in der Albertina vom Jahre 1502 (Br. phot. 587). Die Natur des Tieres ist in Haltung und Detail mit erschreckender Wahrhaftigkeit wiedergegeben. Wie köstlich beobachtet sind z. B. die Nackenfalten, die durch das furchtsame Zurückziehen des Kopfes entstehen, die schnuppernden Nasenflügel, das ängstlich aufpassende Auge u. s. w. u. s. w. In Bezug auf photographische Treue kommt dieser Studie nur das Blatt mit der Ochsenschnauze aus der Sammlung Malcolm gleich, das allerdings erst 1520 aquarelliert wurde und wohl auf niederländische Anregung zurückgeht.

Nicht minder sorgfältig als die Tierstudien, die wir an dieser Stelle natürlich nicht im vollen Umfange würdigen können, sind

---

[1]) a. a. O. XVI, p. 249.

[2]) Hier gehören auch die vielen Felsstudien her, die bald breiter, bald detaillierter behandelt stets die Natur des Steines in ihrer Bruchfläche verraten. Siehe Thausing I, p. 127. Ebenso die Baumstudien im Besitz des Herrn von Franck in Graz, Thausing I, p. 121 und Hausmann (ebd.), so wie die 3 Linden in der Bremer Kunsthalle (Ephrussi, p. 108), die bei aller Schlichtheit der Umrifszeichnung eine durch Lichtführung und Baumschlag köstlich belebte Baumgruppe bilden. Der Baumschlag Dürers ist von keinem seiner Schüler in dieser Vollendung und Natürlichkeit wieder erreicht worden.

die Pflanzenstudien behandelt. Den Hauptschatz derselben birgt die Albertina und die Bremer Kunsthalle. Auf der Studie der Albertina (Br. 590) sind Butterblumen, welche zwischen Gräsern und Lattichblättern aufschiefsen, bis auf die Härchen am Blattrande genau wiedergegeben. Ebenso zart ist das Blatt mit Feldblumen in Bremen (Ephrussi 80) und die Butterblume derselben Sammlung, deren Blätter und Stile der Künstler, als handle es sich um eine botanische Demonstration, gesondert zeichnete. Neben der Blüte ist auch noch eine abgeblühte Butterblume im Federkleid gezeichnet. Andere Planzenstudien derselben Sammlung unterscheiden sich bei aller Gewissenhaftigkeit der Ausführung doch so bestimmt von den angeführten Originalen, dafs wir sie aus dem Dürerwerk besser streichen.

Was diese Pflanzenstudien Dürers von den miniaturartig ausgeführten Pflanzen in den Vordergründen der älteren Meister unterscheidet, ist einmal das mehr naturwissenschaftliche Verständnis im Gegensatz zu dem äufserlichen Gefallen an dem bunten Schmuck der Erdfläche, und zweitens die Art ihrer Verwendung.

Welchen Gebrauch machte Dürer von diesen Naturstudien in seinen Werken?

Lehrreichen Aufschlufs im besonderen Falle bietet uns der schon oben erwähnte Stich »Adam und Eva« vom Jahre 1504. Die Felsstudie, welche er für denselben gemacht hatte, wird weit weniger individuell auf dem Stich wiederholt und derselbe Dürer, der so eifrige Baumstudien gemacht hat, verlegt die Scene des Sündenfalls unter einen Apfelbaum mit Feigenblättern und einen Kirschbaum mit Doldenfrüchten. Um den Gestalten ein möglichst scharfes Relief zu geben, werden die dunkeln Baumstämme hinter dem Elternpaar dicht geschart und in tiefe Schatten gehüllt. Ebenso bleibt die Felsenecke oben rechts, über der nur ein kleiner Fetzen vom Himmel zum Vorschein kommt, völlig im Dunkel. Dagegen ist das Getier, welches das Paradies bevölkert, Hirsch, Kuh, Hase, Katze, Ratte, Papagei, Steinbock und Vögel, weil es die Figurenkomposition nicht beeinträchtigt und gewissermafsen zur Darstellung des Paradieses als Wesentliches gehört, in aller Breite geschildert.

Kurz, Dürer weifs seine Einzelstudien dem künstlerischen Gedanken der Hauptdarstellung unterzuordnen. Wer da glaubte, unser

Meister hätte seine Gestalten in Landschaften versetzt, wie die oben geschilderten Veduten es waren, realistisch bis ins kleinste hinein, der würde bei dem Anblick seiner Bilder und Kupferstiche gröblich überrascht werden. Auch Dürer komponiert seine Landschaften, wie seine Vorgänger es gethan, und, wenn er auch hier und da Motive aus seinen Skizzenbüchern verwendet[1]), so bleibt doch die Mehrzahl seiner Hintergründe Ideallandschaft. Dafs wir sie trotzdem selten als solche empfinden, dafs sie uns mit der Figurenkomposition als ganz naturgemäfs zusammengehörig erscheint, das ist die Leistung des Dürerschen Genies, welche ihn weit über seine Zeit hinaushebt und auf seine Schüler einwirkte, um dann, da sie nur auf dem Boden emsigsten Naturstudiums sich hätte entwickeln können, bald in Manier überzugehen. Die Altdorfer, Hirschvogel, Lautensack u. a. glaubten sich sicherlich im Besitz des Dürerschen Arcanums landschaftlicher Komposition und brachten doch nur Unnatur und Phantastik in ihren Landschaften zu Tage.

Überblicken wir die von Dürer geschaffenen Werke, so fällt uns zunächst auf, dafs wir in seinen Kupferstichen und Holzschnitten für unsere Untersuchung eine weit reichere Ausbeute finden, als in seinen Gemälden. Und doch scheint uns eine vollendete landschaftliche Darstellung mit so vielen Bedingungen an das Element der Farbe geknüpft, dafs wir über das Verhältnis füglich staunen. Der Satz, dafs die Landschaftsdarstellung ohne Farbenreiz notwendig eine unvollkommene bleibe, erfährt seine Einschränkung allerdings in der Kunstgeschichte selbst. Oder ist es ein rein äufserlicher Zufall, dafs wir die Bedeutung eines Rembrandt, Herman Swanevelt, Simon de Vlieger u. a. als Landschafter fast nur in ihren Radirungen kennen lernen? Und, was für die realistische Landschaft sich nachweisen läfst, gilt in noch viel höherem Mafse von der komponierten, zu deren idealem Charakter die Behandlung in Farben oft genug in Widerspruch geraten kann. Man vergleiche nur einmal daraufhin die landschaftlichen Scenerieen in Dürers Gemälden und in seinen

---

[1]) So z. B. das »Weier Haws« (Hdz. d. Brit. Mus.) in der Madonna mit der Meerkatze (B. 42). Wo der Gegenstand es verlangt, wie z. B. in der Badstube (B. 128), benutzt Dürer natürlich Nürnberger Motive.

Kupferstichen, und man wird finden, dafs die fertige Ausführung oft genug dem gewaltigen, die gemeine Natur überragenden Aufbau der landschaftlichen Massen Eintrag thut. Es liegt uns fern, diesen ästhetischen Gesichtspunkt als für Dürer mafsgebend hinstellen zu wollen, indes schien seine Betonung nicht überflüssig gegenüber der viel verbreiteten Anschauung, als seien Landschaft und Kolorit unlöslich miteinander verbunden.

Die Stiche Dürers sind aber auch insofern für unsere Untersuchung interessant, als sie das Wandern einzelner Motive und Anregungen deutlicher erkennen lassen, als die Hintergründe der Gemälde, die, mit langer Hand vorbereitet[1]), meist eine gröfsere Selbständigkeit und Abgeschlossenheit verraten. Bei den Stichen dagegen und vollends bei den sie vorbereitenden Zeichnungen gab sich der Künstler den Anregungen, die ihm durch fremde Vorbilder zu teil wurden, hin. Aus der Untersuchung aber, wie Dürer von seinen Vorgängern lernt, gewinnen wir einen Einblick in sein Kunstschaffen, wie ihn uns die Betrachtung der vollendeten Bilder allein nie gewähren kann.

1494 fiel dem jungen Künstler ein italienischer Stich[2]) in die Hände, den Tod des Orpheus darstellend. Mochte der Stoff oder auch die Figurenkomposition ihn zur Nachahmung anregen, er versuchte, das Blatt zu kopieren. Die Gestalten übernahm er ziemlich genau — den »nacketten bildern der Welschen« zollt er stets hohe Anerkennung, — die landschaftliche Umgebung aber glaubt der dreiundzwanzigjährige Jüngling besser machen zu können, als der routinierte Italiener. Während Baldini die Figuren in eine vaste, schematisch komponierte Landschaft mit hohem Horizont ohne Zusammenhang hineinsetzt, sucht Dürer die landschaftlichen Elemente auf das Wesentliche zu beschränken und in eine feste Verbindung mit der Figurenkomposition zu bringen. Die Baumgruppe, vor der sich die Scene abspielt, schliefst sich mit den Gestalten geschickt

---

1) »dan ein gut byld mus mit grosser müe arbeit fleis und voll besunnen gemacht werden und es gerett uns nit ongefer.« Dürer, Vier Bücher menschlicher Proportion. s. Heller, A. Dürer p. 1002.

2) Nach Passavant von Baccio Baldini.

zusammen und lenkt den Blick auf den Vorgang selbst, während der Hintergrund mit tiefem Horizont nur flüchtig angedeutet wird. Die Details der Baumgruppe sind liebevoll ausgeführt: der Gegensatz der krüppelhaften Verästelung des kleinblättrigen Eichengestrüppes zu den schlank aufsteigenden Buchenstämmen ist sehr geschickt durchgeführt, und die ausführliche Zeichnung des Feigenbaumes könnte man als Argument für die erste italienische Reise Dürers benutzen, wenn das Vorbild nicht auch einem italienischen Stiche entlehnt wäre[1]). Jedenfalls war Dürer diese Baumgruppe besonders lieb, denn wir finden sie im grofsen Satyr (Hz. B. 76), allerdings ohne den Feigenbaum wieder, und von diesem Holzschnitt übernahm sie wieder Marc Anton 1508 in eine Darstellung von Mars und Venus[2]).

Aus dieser Wanderung landschaftlicher Einzelmotive läfst sich erkennen, wie man auch damals noch es vorzog, künstlerisch erprobte Einzelheiten der landschaftlichen Darstellung aus anderen Werken zu entlehnen, statt sich an die Natur selbst zu wenden[3]). Architektonische Motive wiederholt auch Dürer nicht selten in mehreren Hintergründen. So finden wir die Burgarchitektur der ungedeuteten Handzeichnung der Windsorsammlung (Ephrussi 65; Thausing I, 285), welche wahrscheinlich auf eine Vedute der Nürnberger Veste zurückgeht, ganz ähnlich in dem Antonius von 1519 (B. 58) und im Rosenkranzfest (1506) wieder, und der im Hintergrunde der Anbetung der drei Könige in den Uffizien (1504) aufsteigende Burgfels verrät einige Verwandtschaft mit der Burgarchitektur im Mittelgrunde des Eustachiuswunders (B. 57), wenngleich Thausing mit Recht Waagens Behauptung von einer völligen Übereinstimmung beider Landschaften widerlegt. Auch die Burg-

---

[1]) Wie Thausing I, p. 227 anzunehmen scheint. Ephrussi p. 138 führt eine ähnliche Entlehnung eines Lorbeerbaums auf der Hdz. des Apollo im British Museum aus einem Kupferstich des Montagna als Parallele an.

[2]) Ephrussi, a. a. O. p. 31.

[3]) Vgl. den Hintergrund der Madonna mit der Meerkatze auf den Stichen Campagnolas (B. 5) und Robettas (B. 4) wiederholt und die von Thausing I, p. 331, Anm. 2 zusammengestellten Entlehnungen. Später entnehmen die italienischen Künstler mit grösster Unbefangenheit den Stichen Dürers den ganzen Hintergrund.

architekturen in den Stichen »Ritter, Tod und Teufel«, der Madonna an der Mauer (B. 40) und der unvollendeten Radierung (B. 43) sind nicht unabhängig voneinander.

Wir haben vorweg diese Beispiele von Wiederholungen und Entlehnungen zusammengestellt, um anzudeuten, wie auch Dürers Thätigkeit noch hier und da die Schlacken jener älteren Auffassung anhaften, welche in der Landschaft nur ein konventionelles Beiwerk sah, für deren Komposition nicht sowohl der Inhalt der Haupthandlung oder gar eigene künstlerische Gesetze, als vielmehr der Vorrat an erprobten landschaftlichen Typen mafsgebend war.

Um so ungeteilter ist unsere Bewunderung für den erstaunlichen Reichtum an neuen landschaftlichen Motiven in den Stichen des Meisters, und auch hier darf man mit Lomazzo sagen, dafs er mehr erfunden habe, als alle anderen Künstler zusammengenommen[1]). Schon in seinen frühesten Stichen[2]), wie in dem Liebeshandel (B. 93), bewundern wir die Leichtigkeit, mit der er seine Gründe aufbaut; hier begegnet uns auch ein neues Element, welchem erst Dürer den gebührenden Platz in der landschaftlichen Komposition angewiesen hat: das Meer. Der Gegensatz des ruhigen Wasserspiegels zu den bewegten Berglinien der Ufer und Gründe ist von ihm zuerst künstlerisch verwertet worden, und nur in wenigen Hintergründen fehlt dieses Motiv.

Sehr reich ist die Landschaft in der h. Familie mit der Heuschrecke (B. 44) behandelt. Dürer lehnt sich hier, wie in den meisten seiner Mariendarstellungen, an den älteren Typus an, indem er den Vordergrund durch die Rasenbank abschliefst, auf der Maria sitzt. Hatte man aber früher diese Anordnung als ein bequemes Auskunftsmittel benutzt, den Mittelgrund zu verdecken, so sehen wir diesen bei Dürer breit ausgeführt. Ein sogenannter »Grashof«, der von einer Stufenmauer umschlossen ist, mit Disteln und Lattich und einem entblätterten Baum füllt ihn aus. Hinter der Mauer er-

---

[1]) Trattato dell' arte della pittura libro V cap. II. Ausg. d. bibl. artistica II, p. 19.

[2]) Wir folgen im wesentlichen der Chronologie Rettbergs, Dürers Holzs. u. Kupferstiche 1870.

hebt sich links ein Haus mit Krahn, rechts blicken wir auf einen von Segelschiffen belebten See mit bergigen Ufern hinab. In der Burg mit Zugbrücke an dem Ufer erblicken wir wieder eins von Dürers Lieblingsmotiven.

Der Mittelgrund wird noch immer etwas kahl gelassen, um eine Störung der Figurenkomposition durch seine Linien zu vermeiden. So auch in dem Kupferstich B. 88 (die sechs Kriegsleute), wo den Hintergrund wieder ein See mit Bergufern einnimmt. Hier, wie in den meisten Hintergründen, in denen er dies Motiv benutzt, rückt er es auf die eine Seite der Komposition, indem er auf der anderen eine Vordergrundcoulisse vorschiebt[1]).

In der Felsbehandlung erinnern die früheren Stiche (so namentlich der h. Chrysostomus, B. 63, und der grofse Hieronymus, B. 61) noch stark an Schongauer, die Vegetation wird spitzig behandelt, aber die verschiedenen Laubarten im Baumschlag unterschieden.

Schon die ersten Holzschnitte mit breiterem Landschaftshintergrund zeigen, gegen Wolgemuts Leistungen gehalten, einen gewaltigen Fortschritt auch in technischer Beziehung. Dürer stellte den Formschneidern neue schwere Aufgaben, ohne doch über die Grenzen der Technik in seinen Ansprüchen hinauszugehen. In dieser Beziehung ist es interessant, die verschiedene Behandlung des Baumschlages, der Bergkonturen und der Wolkenbildungen in Kupferstich und Holzschnitt zu vergleichen. Bei Laubbäumen giebt der Holzschnitt nur grofse, von krausen Konturen umrissene Massen, während Dürer im Kupferstich diese mit sauber ausgeführtem Blattwerk füllt. Wo der Holzschneider in dem Laubwerk ausführlicher wird, wie z. B. in dem Apfelbaum des Schnittes »Ritter und Landsknecht« (B. 131), verfällt er in die archaische Manier, welche die Blätter unverhältnismäfsig grofs bildet[2]). Der dürre Baum wird im Holzschnitt öfter verwendet als im Kupferstich[3]); auch das Linienspiel der Bergkonturen ist in der erstgenannten Technik reicher,

---

[1]) Von frühen Stichen vgl. ausser den bisher genannten noch B. 63, B. 80 — B. 94, wo ein Baumstamm die Coulisse ersetzt. B. 95 und in dem Holzschnitt B. 2 verlegt er dieselbe in den Mittelgrund.

[2]) Vgl. auch den Granatapfelbaum auf dem Blatt der Apokalypse B. 66.

[3]) Vgl. besonders den grofsen Hercules B. 127.

wahrscheinlich, um die toten weifsen Massen, welche bei ruhiger Linienführung in der derberen Zeichnung des Holzschnittes entstehen würden, zu beleben. Für die Wolkenbildung, die am längsten eine gewisse Stilisierung behält, ist namentlich ein Vergleich der Holzschnittfolge der Apokalypse mit Kupferstichen, wie z. B. die »grofse Fortuna«, lehrreich. In beiden Werken, die zeitlich einander nahe stehen, finden wir auch ein neues Kompositionsmotiv. Vorgänge, welche über den Wolken sich abspielen, hatte auch die ältere Kunst zu ihrem Vorwurf gewählt, und Analogieen für seine Art der Komposition mag Dürer vielleicht in flandrischen Darstellungen des jüngsten Gerichtes gefunden haben; trotzdem bleibt ihm das Urheberrecht für die eigenartige Auffassung derselben. Zwei Drittel des Bildraums nimmt der geschilderte Vorgang ein, und unter den Wolken breitet sich, wie aus der Vogelschau gesehen, die Landschaft aus. Die älteren Niederländer hatten bei solchen Darstellungen den Augenpunkt in mittlerer Höhe gewählt, Dürer versetzt sich, und damit auch den Beschauer, in die Wolkenregion und läfst uns von dort wie aus weiter Ferne auf die irdischen Gefilde hinabblicken. Trotzdem weifs er die Landschaft stets in Beziehung zu dem oben sich abspielenden Vorgange zu setzen, sei es, dafs er, wie in der grofsen Fortuna den historischen Hintergrund seiner Allegorie, wie Thausing meint, eine im Schweizerkrieg den kaiserlichen Truppen verhängnisvolle Örtlichkeit — v. Zahn wies auf Heigersloch in Schwaben hin[1]) — in der Landschaft andeutet, sei es, dafs er, wie in der Apokalypse, die Wirkungen der himmlischen Wunderzeichen auf Erden nachklingen läfst, sei es, dafs er, wie im Allerheiligenbilde (1511), die Feiertagsstimmung mit ihrer majestätischen Ruhe auch auf die friedlich sich ausbreitenden Ufergelände des unbewegten Gewässers überträgt, über dem der Himmel sich öffnet.

Bei der Landschaft der grofsen Fortuna mufs schon die Gewissenhaftigkeit im einzelnen darauf hindeuten, dafs Dürer eine ganz bestimmte Örtlichkeit im Sinne hatte. In der Mitte des

---

[1]) Thausing, a. a. O. I, p. 242 Anm. 1.

Vordergrundes sehen wir eine Ansiedelung mit Kirche und mannigfachen Gebäuden, mit dem gegenüberliegenden Ufer des vorüberströmenden Flusses durch eine Brücke verbunden. Der Weg führt von dieser links weiter hinauf zu den steilen Felsen des tiefausgebuchteten Flufsufers. Auch das Heiligenkreuz fehlt nicht auf dem Felsenpfad, das den Wanderer an einen Unglücksfall erinnern soll. Auf der rechten Seite zieht sich ein Weg von der Ansiedelung hinauf in die Berge, ein zweiter an Gehöften vorüber nach der isolierten Bergkuppe rechts, an deren Abhang in tiefer Schlucht ein Gebirgsbach zum Strome hinabeilt. Das Geröll und Geschiebe dieses Bergwassers ist sehr fein beobachtet. Der schroffe Felsenhintergrund der Landschaft ist in tiefe Schatten gehüllt und kontrastiert wirkungsvoll zu den lichten, wenn auch etwas körperhaft stilisierten Wolken, über welche die Kugel der Göttin dahinrollt[1]).

Dürer gefiel sich in dieser Zeit augenscheinlich in solcher breiten Auflösung der Kompositionsmassen, wie sie uns z. B. auch in der Handzeichnung der Albertina entgegentritt, welche die Heilige Familie in einer durch Tiere und Pflanzen überreich belebten Landschaft[2]) darstellt, wo auch der steil aufsteigende Hintergrund wiederkehrt, ebenso wie in dem Holzschnitt (B. 2) Simson mit dem Löwen, den Rettberg um 1497 datiert.

Weit abgeschlossener sind die Landschaften der Apokalypse. Man vergleiche namentlich B. 63 mit den vorhergenannten. Den Vordergrund bildet ein nur rechts auf einem Anstieg von Bäumen bestandenes Terrain, von dem man in den Mittelgrund blickt, welcher ein Gewässer mit Wasserburg — wieder eins von Dürers Lieblingsmotiven — zeigt. Links steigen über einem von Buschwerk umsäumten Ufer steile Felsen auf, auf deren bewaldeter Höhe eine gröfsere Burganlage sich erhebt. Die Berge ziehen sich, das

---

1) Vgl. auch die ganz ähnliche Art, den Hintergrund durch Wolkenschatten zu verdunkeln, auf der Himmelfahrt Mariae (B. 94).

2) Ephrussi datiert die Zeichnung um 1500, Thausing mit Unrecht früher. Auch die Skizzen zum St. Veiter Altar (in Basel 1502) zeigen noch, wie der Calvarienberg des Bildes selbst, diese steile Auftürmung des Hintergrundes. Ebenso verrät der Paumgärtnersche Altar in München (nach Ephrussi um 1503) wenig Übung in der Linearperspektive.

von einem Boote belebte Wasser umrahmend, der Mitte des Hintergrundes zu. Absichtlich wohl hält Dürer auf dem Blatte mit den 4 Winden (B. 66) die Landschaft kahl und öde, während die verheerende Wirkung der »dies magnae irae« auf dem Blatt B. 68 in der phantastischen Landschaft sich zu erkennen giebt. Da schleudern zwei mächtige Hände einen feuerspeienden Berg in das empörte Meer, welches den gröſsten Raum der Scenerie einnimmt. Die Formen des Vulkans und die Uferfelsen rechts sind wild zerfetzt und die Flammen brechen aus der Erde hervor. Der vom Himmel fallende Feuerhagel schlägt in die Gebäude einer Stadt am Ufer, und alles spiegelt den gewaltigen Aufruhr, den die Posaunenstöſse der Engel heraufbeschwören, wieder. Nur im fernen Hintergrunde glättet sich das Meer und die ganze Landschaft nimmt einen friedlichen Charakter an. Einen wirksameren Gegensatz zur Hervorhebung der gewaltsamen Naturerscheinungen im Vordergrunde könnte man kaum ersinnen, als diese still ruhende Landschaft des Hintergrundes. Einfach aber groſsartig gedacht ist auch die Landschaft auf dem Blatte B. 70; das Gestade eines weiten, von Schiffen, Schwänen und einem Delphin belebten Gewässers nimmt die rechte Seite der vertikal geteilten Komposition ein. Der prächtige Eichbaum mit seinem knorrigen Geäst und sauber ausgeführten Laubwerk bildet auf der Linken einen guten seitlichen Abschluſs. Ruhig im Gegensatz zu der lebhaften Kampfscene in den Wolken ist die Landschaft im Kampfe Michaels mit dem Drachen (B. 72), während der Hintergrund des folgenden Blattes (B. 73) ziemlich verworren und unklar bleibt. Eine reiche Stadtarchitektur schlieſslich zeichnet den Hintergrund des letzten Blattes der Apokalypse (B. 75) aus.

Die Blattfolge der grünen Passion (1504) zeigt, wie die meisten Passionsdarstellungen, eine in den Vordergrund gedrängte Komposition und geringe landschaftliche Tiefe. Da Dürer hier nur mit 3 Farbentönen operiert, oder, besser gesagt, die Gestalten aus dem grün angelegten Grunde durch aufgesetzte weiſse Lichter und Federschraffierung herausmodelliert, erhält die Zeichnung eine plastische Schärfe, die zusammen mit der flachen Komposition derselben fast Reliefcharakter giebt. Zugleich nötigt diese Art der Zeichnung den Künstler zu einer schärferen Beobachtung der Lichtführung. In dieser Beziehung ist namentlich die Nachtscene der Gefangennahme bemerkenswert, auch verdient die Behandlung des Horizontes und der Wolken in dieser Passionsfolge Beachtung.

Breiter sind die Landschaften in den um 1504 entstandenen Holzschnitten ausgeführt; so in dem h. Christoph mit den Vögeln (B. 104) und Johannes d. Täufer mit dem h. Hieronymus (B. 112). Daneben finden wir idyllische Schilderungen, wie das Hofinterieur in der Geburt Christi (B. 2), bereits ein Vorspiel zu dem Marienleben, und die Waldidylle, in der die H. H. Antonius und Paulus sich niedergelassen haben (B. 107). Den Vorderplan durchrieselt ein Bach, rechts schaut man in den Wald hinein, zwischen dessen dicht gescharten Stämmen ein Hirsch einherschreitet, links öffnet sich ein Ausblick in die Berglandschaft des Hintergrundes mit ihrem See. Die trauliche Stille der Einsamkeit, in die die Heiligen sich zurückgezogen haben, ist vortrefflich in diesem im einzelnen liebevoll durchgeführten Waldbilde geschildert.

Diese idyllische Richtung kommt auch in dem 1511 erschienenen »Marienleben« zum Ausdruck, welches eine Fülle von landschaftlichen Motiven in seinen Hintergründen birgt[1]). »Joachim im Felde« zeigt noch die alte typische Anordnung, links Wald, rechts einen Ausblick über die Viehweiden zum Meer. Das Detail, namentlich in der Baumbehandlung, ist meisterhaft in technischer, wie in künstlerischer Hinsicht. Das dürre Baumgezweig ist besonders liebevoll und geschickt hier ausgeführt. Sehr reich ist auch die Berglandschaft, welche Maria auf ihrem Wege zum Hause des Zacharias durchwandert hat (B. 84). Wir besitzen zu dieser Heimsuchung eine Skizze in der Albertina (Br. 497), auf der die Landschaft nur flüchtig angedeutet und lange nicht so organisch aufgebaut ist, wie in dem ausgeführten Holzschnitt. Das Lucasevangelium I, 39 schildert die Wohnung des Zacharias im Gebirge gelegen (exsurgens autem Maria in diebus illis abiit in montana), und der Meister ist

---

[1]) Schon Vasari sagt von diesem Cyklus: l'anno 1511 egli fece della medesima grandezze in venti carte tutta la vita di Nostra Donna tanto bene, che non è possibile per invenzione, componimenti di prospettiva, casamenti, abiti e teste di vecchi e giovani far meglio.

bemüht, diesen Gebirgscharakter deutlich zum Ausdruck zu bringen. Namentlich versucht er, den Übergang von dem Hochthal, in dem die Begegnung stattfindet, zu den kahlen Bergen des Hintergrundes zu vermitteln. Das Terrain steigt allmählich empor, und die Vegetation, im Vordergrunde noch reich, wird immer spärlicher, um schliefslich in der Schneeregion der Berge ganz zu verschwinden. Die einzelnen Baumarten sind genau unterschieden, und von den kräftig schattierten Partieen des Vordergrundes heben sich die lichten Massen der Gebirge des Hintergrundes schön ab, die Wirkung der Luftperspektive auch in dieser zeichnerischen Technik andeutend. Die Flucht nach Ägypten (B. 89) zeigt einige Verwandtschaft mit dem Stich Schongauers, obwohl uns nichts zwingt, eine absichtliche Anlehnung an den älteren Meister anzunehmen. Die schlichte Anordnung der typischen Gestalten in einem tiefliegenden Waldgrund ist so natürlich, dafs man ein Vorbild dafür nicht aufzusuchen genötigt ist; die wenigen ähnlichen Details (fast nur in den tropischen Vegetationsformen) könnten bei beiden Meistern sehr wohl aus der gleichen Quelle, etwa einem Pflanzenbuch, stammen. Recht idyllisch ist die Umgebung der h. Familie auf ihrer Ruhe in Ägypten (B. 90). Die anmutige Scene spielt in einem Hofe, der links von verfallenen Gebäuden eingefafst ist, während hinten eine Mauer mit rundbogigem Thor (wohl auch Reste eines gröfseren verfallenen Baues) ihn abschliefst. Hinter dieser Mauer erhebt sich links ein Burgfels, während rechts weiche Berglinien den Horizont begrenzen. Die Ruine als landschaftliches Motiv in malerischem Sinne hat Dürer zuerst in der deutschen Kunst eingebürgert. Die älteren Meister, mit Ausnahme Schongauers, der auch in dieser Beziehung Dürer vorarbeitete, hatten, wie wir sahen, an Stelle der Ruinen meist nur steife halbvollendete Bauten zustande gebracht, während Dürer das aus den Mauerrissen aufkeimende vegetative Leben mehr in die Darstellung hineinzieht, ohne doch, wie viele seiner oberdeutschen Schüler, darin phantastisch und manieriert zu werden. Auch hier bewahrt sich Dürer jenen gesunden Realismus, der ihn vor jeder Verirrung beschützt.

Von den übrigen frühen Stichen und Holzschnitten hebt Rettberg das sogenannte »Meerwunder« (B. 7) hervor, dessen Hintergrund er »eine der reizendsten Landschaften Dürers« nennt. Die Komposition desselben ist nicht sonderlich hervorragend und bietet wenig neuen Stoff zur Beurteilung Dürers. Den Vordergrund füllt das recht konventionell wiedergegebene Wasser, während am Fuſs des Burgfelsens im Mittelgrunde sich die sauber ausgeführten Bauten einer Stadt hinziehen. Rechts dehnt sich die Meeresfläche bis an den Horizont aus. Die Landschaft des »groſsen Hercules« (B. 73) ist durch die oben bereits erwähnte Baumgruppe in zwei Hälften geteilt; während links der Blick durch einen Burgfels kurz abgeschnitten wird, schweift er rechts in ein herrliches, an die bergigen Ufer des Inn gemahnendes Fluſsthal mit Stadtarchitektur. In die gleich frühe Zeit (ca. 1504) setzt Thausing auch den h. Eustachius (B. 57), dessen Landschaft er als die schönste, die der Meister gestochen habe, bezeichnet. Den Vordergrund bildet ein vielfach durch Vegetation und Gestein belebtes Terrain, das nach der linken Seite zu einem Gewässer abfällt, über welches eine Brücke führt. Der mächtige und schroff aufsteigende Burgfels des Mittelgrundes ist durch Vegetation, mannigfache Architektur und reiche Gliederung der Steinmassen belebt und läſst links nur wenige Berge des Hintergrundes sichtbar werden, während wir rechts auf eine weite ruhige Wasserfläche hinabblicken. Die Landschaft ist selbständig komponiert und macht mit ihren vielen Details, die übrigens mit groſser naturalistischer Feinheit ausgeführt sind, einen etwas unruhigen Eindruck. Die Fülle der Einzelheiten und Kontraste verwirrt, da sie nicht in gröſsere Massen deutlich gegliedert erscheinen.

Das Hauptergebnis der venezianischen Reise 1505/6 war das Rosenkranzfest, das im Landschaftlichen keinen italienischen Einfluſs verrät, während andere Einzelheiten zweifellos auf einen solchen hinweisen. Inwieweit die koloristisch hervorragende Nachtlandschaft auf dem Dresdner Kruzifix, deren Formen durchaus deutsch sind, auf Beziehungen zu venezianischen Künstlern hinweist, mag dahingestellt bleiben[1]). Allerdings berichtet Dürer selbstbewuſst in einem Briefe an Pirkheymer von seinen Erfolgen als Kolorist in

[1]) Thausing, I. p. 364.

Venedig[1]), ob wir aber diese Äufserung auf eine Wandlung seines Kolorits während des venezianischen Aufenthaltes beziehen dürfen, bleibt sehr zweifelhaft. Wichtiger waren jedenfalls die theoretischen Anregungen, die der Nürnberger Meister in Oberitalien empfing. Für unsere Untersuchung dürften besonders die Beziehungen zu Piero della Francesca, dem Verfasser der »perspectiva pingendi« und Lionardo da Vinci von Bedeutung sein. Dürer war nach Bologna gegangen, um die »geheime Perspektiv« zu lernen, hatte sich in Venedig Euklids Elemente der Mathematik gekauft und jedenfalls auf dieser Reise den Grund zu seinen perspektivischen Studien gelegt[2]). Wie weit diese ihn zu einem Buch über die Landschaftsmalerei angeregt haben, kann leider nicht entschieden werden, da wir von diesem Buch nur sehr unbestimmte Nachricht haben. In der Schlufsschrift seiner 1527 herausgegebenen Proportionslehre heifst es nämlich von Dürer: »wo jme auch Got sein leben lenger gefrist het, würd er noch gar vil wunderlichs seltzams und künstlichs dings an tag gebracht und geben haben, zuvor der kunst des malens landschafft«[3]). Diese Äufserung kann sich ebensowohl nur auf die Absicht Dürers, als auf ein später verlorenes Manuskript beziehen und bleibt für uns nur insofern von Interesse, als wir daraus erfahren, dafs der Meister in späterem Alter auf seine Jugendneigungen wieder zurückkam und, angeregt durch seine damaligen Skizzen und Studien, die Erfahrungen, die er aus ihnen gezogen, für seine »Speis der Malerknaben« zusammenstellte. Ob die Federzeichnung aus dem Jahre 1510 im Besitz des Malers Bonnat in Paris, die in ein Quadratnetz mit Angabe des Augenpunktes[4]) hineingezeichnet ein fränkisches Dorf mit Kirchturm darstellt, als Illustration zu dem geplanten Traktat zu gelten hat, ist fraglich.

---

[1]) »Ich habe auch die Maler alle zum Schweigen gebracht, die da sagten, im Stechen wäre ich gut, aber im Malen wüfste ich nicht mit den Farben umzugehen. Jetzt spricht jedermann, sie hätten schönere Farben nicht gesehen. Thausing, D.s Briefe p. 17.

[2]) Sein Interesse an der Ergründung der Proportionslehre geht allerdings bis in das Jahr 1500 zurück. s. Thausing I, 315.

[3]) Heller, A. Dürer II, p. 997.

[4]) Die wissenschaftliche Bestimmung des Distanzpunktes kennt Dürer noch nicht. s. Schreiber, malerische Perspektive, Stuttgart 1854. p. 58.

Interesse hätte es allerdings, aus den Aufzeichnungen Dürers zu erfahren, wie zum erstenmal die Errungenschaften eines grofsen Meisters auf diesem Gebiet den künstlerischen Zeitgenossen litterarisch vermittelt wurden. Über die frühere, rein empirische Art des künstlerischen Unterrichtes giebt Dürer in dem Vorwort zur »Unterweisung ect.« Aufschlufs: »man hat bysshher in unsern deutschen Landen vil geschickter jungen, zu der kunst der mallerey gethan, die man on allen grundt und alleyn auss einem täglichen brauch gelert hat.«

In den folgenden Jahren sind es vornehmlich Lichteffekte, deren Darstellung in der Kupferstichtechnik unsern Meister beschäftigt. So nennen wir nur aus der kleinen Kupferstichpassion (1507—1512) den Ölberg (B. 4), die Gefangennahme (B. 5), Christus am Kreuz (B. 13) und die Auferstehung (B. 17)[1]; es sind dies zugleich Vorstudien für die technischen Probleme des Kupferstichs, mit denen er sich seit 1510 beschäftigte. Ob das Studium der Licht- und Schattenwirkungen, die Dürer auch in gleichzeitigen Zeichnungen erprobt (z. B. in dem Samson des Berliner Kabinetts vom J. 1510 und der Himmelfahrt Christi, dem Pendant dazu), auf Anregungen Lionardos zurückgeht, der bekanntlich in seinem libro di pittura den Problemen der Lichtführung eine überaus eingehende Aufmerksamkeit schenkt, ist nicht zu erweisen.

Landschaftlich unbedeutend sind die oft recht derben Holzschnitte der grofsen Passion, die Dürer 1511 herausgab, dagegen fällt der Hieronymus in der Felsenhöhle (Hzsch. B. 113) von 1513 durch ein originelles Motiv auf: Die romantisch zerklüfteten Felsmassen der Höhle bilden den Rahmen eines reizvollen Landschaftsbildes, in das wir aus dem Versteck des Klausners hinabblicken.

Die Madonnendarstellungen, denen Dürer in diesen Jahren lebhaftes Interesse zugewendet, sind in verschiedenartige Umgebung verlegt, selten aber als Innenscenen aufgefafst. Neben dem älteren Typus der Madonna auf der Rasenbank, hinter der eine Brüstung

[1]) Vgl. auch das Kreuz von 1508 (B. 24) und folgende Blätter der kleinen Holzschnittpassion (1509—11): B. 26. 27. 17. 18. 29. 40. 42. 45. 47 und ihre Lichteffekte.

den Mittelgrund verdeckt, ist namentlich die Anordnung der Heiligen Familie unter einem die Mitte des Bildes einnehmenden Baum, die Dürer gerne wählte[1]), entsprechend seiner Vorliebe, die Hauptgruppen der Darstellung auch landschaftlich zu betonen.

In die Jahre 1513 und 1514 fallen jene beiden merkwürdigen Kupferstiche, in denen sich die grüblerische Richtung der Dürerischen Phantasie recht deutlich ausspricht, und die man wohl mit Recht als die hervorragendsten Leistungen seines Grabstichels bezeichnet. Man möchte glauben, Dürer habe sich Albertis Mahnung zu Herzen genommen: »ea potissimum pingenda sunt, quae plus animis quod excogitent, relinquant, quam quae oculis intueantur«, wenn man die »Melancholie« und »Ritter, Tod und Teufel« betrachtet. Dafs es indes künstlerische Probleme waren, welche den Meister bei diesen Darstellungen hauptsächlich interessierten, scheint uns auch die übergrofse Gewissenhaftigkeit der Ausführung zu bestätigen. Die landschaftlichen Gründe sind dem Gegenstande meisterhaft angepafst. Wie herrlich stimmen die phantastischen Himmelserscheinungen (Komet und Regenbogen), die über die weite Meeresfläche des Hintergrundes ihr geheimnisvolles Licht senden, in das faustische Stimmungsbild der Melancholie hinein! Eine vorzügliche Folie für den furchtlosen Ritter, dem Tod und Teufel nachstellt, bildet die schwarze Felswand, die hinter den Gestalten bis zur Kopfhöhe aufsteigt, nur in der Mitte am Haupte des Ritters einen Ausblick freilassend in die steil aufragenden Berge des Hintergrundes, deren Burgkrönung auf das sauberste ausgeführt ist. Das stachliche, dürre Gestrüpp und die schroffen, zerklüfteten Felsformen stehen in vorzüglichem Einklang zu der barocken Geleitschaft des Ritters ohne Furcht und Tadel[2]).

In das Jahr 1514 setzt Ephrussi[3]) eine Reise Dürers durch Süddeutschland, die Schweiz und den Elsafs und sucht die Landschaften eines Skizzenbuches aus der ehemaligen Sammlung Grahl auf diese

---

[1]) Die heilige Familie (Hz. B. 96), Berliner Studie zur Madonna mit der Birne, Ruhe auf der Flucht, Zeichnung der Sammlung Klinkosch in Wien. (Ephrussi 186.)

[2]) Ähnlich ist auch die krause Fels- und Wolkenbehandlung auf dem phantastischen Ätzdruck: die Entführung auf dem Einhorn B. 72 zu dem Vorgange gestimmt.

[3]) Gaz. d. b.-a. 1878.

Reise zu beziehen. Die ganze Serie, meist Burganlagen darstellend (was E. mit Dürers Studien über die Befestigung in Verbindung bringt), ist indes apokryph und eher Hans Baldung zuzuschreiben.

Mit Dürers fortifikatorischen Interessen in Zusammenhang steht die Radierung der Nürnberger Feldschlange von 1518; uns interessiert hauptsächlich die weit ausgedehnte Landschaft dieses Bildes, in der die Kanone und die sie umgebenden Gruppen eigentlich nur Staffage bilden. Die realistischen Bauten des Vordergrundes, die weiten tieferliegenden Gefilde des Mittelgrundes mit ihren Dorfbauten, hinter denen Vorberge den Horizont begrenzen, tragen entschieden vedutenhaften Charakter, und auch die »meisterhafte Zusammenhaltung des Lichtes« spricht dafür, dafs wir es hier mit einer nach dem Leben gezeichneten Landschaft zu thun haben.

Immer spärlicher werden die landschaftlichen Beigaben in den späteren Werken unseres Meisters, und auch die Eindrücke der niederländischen Reise vom Jahre 1520 rufen keine Änderung darin hervor. Nicht als ob Dürer den Blick für landschaftliche Schönheit verloren hätte — mehrere Tagebuchblätter und Landschaftsskizzen beweisen das Gegenteil[1]) —, allein sein Hauptaugenmerk ist seit dieser Zeit auf physiognomische Charakterstudien gerichtet und blieb es bis zu seinem Tode (6. April 1528).

---

[1]) Der Bekanntschaft mit Joachim Patenier, den er den »guten Landschaftsmaler« nennt, ist keine nennenswerte Bedeutung beizulegen.

Die Skizzen sind meist auf Bauten beschränkt: so der Glockenturm von St. Michael in Antwerpen; das Stadthaus zu Aachen und das Aachner Münster. Die Ansicht des Hafens von Antwerpen in der Albertina und eine Ansicht der Stadt Antwerpen in der ehemaligen Sammlung Grahl sind landschaftlich wenig interessant. Auf dem Ausflug nach Bergen (Thausing, Dürers Briefe p. 106) entstand eine Ansicht dieser Stadt. In Brüssel skizziert er den Tierpark des königl. Palais, von dem er sagt: »Ich sah in des Königs Palast hinten hinaus die Springbrunnen, Labyrinth und Tiergarten, dafs ich nie etwas so lustiges, mir wohlgefälliges gleich einem Paradiese nie gesehen habe.« (Thausing, a. a. O. p. 89.) Ebenso lobt er in derselben Stadt die Aussicht vom Palais des Gouverneurs der Niederlande: »dies Haus liegt hoch, man hat daraus die schönste Aussicht, so dafs man sich darüber verwundern mufs; und ich glaube nicht, dafs es in allen deutschen Landen eins dergleichen gebe.« (Thausing, a. a. O. p. 91.)

Die landschaftlich hervorragendste Vedute, welche Dürer auf der Reise zeichnete, verdanken wir einem Ausflug nach Delft, von dem merkwürdigerweise das

Es konnte nicht unsere Aufgabe sein, sämmtliche Werke Dürers auf ihre landschaftlichen Beigaben hin zu untersuchen, vielmehr durften wir uns auf diejenigen beschränken, welche die Stellung Dürers in der Geschichte der deutschen Landschaftsmalerei in irgend einer Beziehung bestimmen. Fassen wir die Ergebnisse dieses Überblicks zusammen, so mufs an erster Stelle das landschaftliche Naturstudium, wie wir es in den Veduten und Skizzen seiner Jugendzeit beobachteten, als Hauptfortschritt hervorgehoben werden. In der Komposition des landschaftlichen Hintergrundes sodann hat Dürer aus der weiten Naturübersicht, wie die alten Flandrer sie gaben, ein in sich geschlossenes Bild geschaffen, das er durch eine rhythmische Verteilung der kontrastierenden Massen und stärkere Hervorhebung der Vordergrundmotive gliedert und belebt.

Er ist es auch, der zuerst die Landschaft zu individualisieren versteht, indem er sie in innerlichen Einklang zu den in ihr sich abspielenden Vorgängen setzt, ohne doch ihre Formen, wie seine Nachfolger thaten, gar zu willkürlich zu stilisieren. Durch seine Veduten und die Betonung des Idyllischen eröffnet er der kommenden Zeit zwei neue Sondergebiete der Landschaftsdarstellung, zugleich sorgt er durch theoretische Begründung und litterarische Überlieferung seiner Grundsätze, denselben Verbreitung und Nutzen für Mit- und Nachwelt zu verschaffen. Sein Verständnis für die Bedeutung des Kolorits in der Landschaft dokumentiert sich mehr in den Aquarellen der Jugendzeit, als in den Gemälden, die sich auch an Reichtum landschaftlicher Motive mit den Handzeichnungen und Stichen nicht messen können.

Die Hauptlehre indes, die er seiner Zeit zu verkünden berufen war, läfst sich vielleicht in jene Worte seiner Proportionslehre zu-

---

Tagebuch nichts berichtet. Sie ist aus der ehemaligen Sammlung Grahl in den Besitz des British Museum übergegangen. Hier ist in der That schon der Keim für die späteren holländischen Kanallandschaften vorhanden. Die tiefe Perspektive des das Bild vertikal durchschneidenden Kanals, seine flachen eintönigen Ufer, die von hohen Bäumen beschatteten Gebäude im Vordergrunde zeugen von einem Einblick in die Naturschönheiten der Niederlande, wie sie selbst manchem älteren Niederländer nicht eigen ist. Nähere Nachweise s. bei Thausing u. Ephrussi.

sammenfassen: »Aber das Leben in der Natur giebt zu erkennen die Wahrheit dieser Dinge; darum sieh sie fleifsig an und richte dich danach und geh nicht von der Natur ab in deinem Gutdünken, dafs du wollest meinen, das Bessere von dir selbst zu finden, denn du würdest verführt. Denn wahrhaftig steckt die Kunst in der Natur, wer sie heraus kann reifsen, der hat sie.« Der erste deutsche Künstler, der die Auffassung seiner Zeit in diese köstlichen Worte kleidete, war zugleich der letzte, welcher in seinen Werken dieselbe noch rein zum Ausdruck brachte. Schon die folgende Generation der deutschen Landschaftsmaler verfiel in Manier.